SCHLESWIG-HOLSTEIN
Lübeck
Wismar
Stade
HAMBURG
Buxtehude
MECKLENBURG-
VORPOMMERN
Lüne
Lüneburg
Medingen
Ebstorf
Soltau
Dannenberg
BRANDEN-
BURG
Verden
Uelzen
Lüchow
Walsrode
NIEDERSACHSEN
Isenhagen
Nienburg
N
Celle
Wienhausen
Hannover
Wolfsburg
SACHSEN-
ANHALT
Kloster Heilig Kreuz
Braunschweig
Helmstedt
Hildesheim
Wolfenbüttel
Magdeburg
Salzgitter
Goslar
Bad Harzburg
Quedlinburg
Göttingen
THÜRINGEN

Henrike Lähnemann & Eva Schlotheuber

UNERHÖRTE FRAUEN

Propyläen wurde 1919 durch die Verlegerfamilie Ullstein als Verlag für hochwertige Editionen gegründet. Der Verlagsname geht zurück auf den monumentalen Torbau zum heiligen Bezirk der Athener Akropolis aus dem 5. Jh. v. Chr. Heute steht der Propyläen-Verlag für anspruchsvolle und fundierte Bücher aus Geschichte, Zeitgeschichte, Politik und Kultur.

Henrike Lähnemann
Eva Schlotheuber

UN ERHÖRTE FRAUEN

Die Netzwerke der Nonnen im Mittelalter

PROPYLÄEN

Propyläen ist ein Verlag der Ullstein Buchverlage GmbH
www.propylaeen-verlag.de

MIX
Papier
FSC FSC® C014496

ISBN 978-3-549-10037-0

3. Auflage 2023

Gesetzt aus der Sabon LT Pro
Satz und Repro: LVD GmbH, Berlin
Druck und Bindearbeiten: GGP Media GmbH, Pößneck

Inhalt

Prolog: Die Stimmen der Vergangenheit

Im Mittelalter war die Hälfte derer, die in ein Kloster eintraten, Frauen. Warum hören wir so wenig von ihnen? Nur einige Namen sind bekannt: Hildegard von Bingen sicher. Vielleicht noch Roswitha von Gandersheim und Mechthild von Magdeburg. Ihnen wurden in den letzten Jahren Bücher oder Ausstellungen gewidmet. Aber die große Gruppe gelehrter, streitbarer, gläubiger und geschäftstüchtiger Nonnen aus zahllosen Generationen ist dem Vergessen anheimgefallen. Dabei waren Frauen, die im Mittelalter im Kloster lebten, keineswegs »unerhört« im Sinne von wirkungslos, im Gegenteil. Ihre Gemeinschaften waren oftmals mächtige Institutionen, und sie sahen sich selbst in einer höchst einflussreichen Position, da sie durch ihre Lebensform »Bräute Christi«, also zukünftige Gemahlinnen des »höchsten Königs« waren und damit wie niemand sonst sein Ohr hatten. Dass Gott sie erhörte, war auch die Überzeugung der mittelalterlichen Gesellschaft und verlieh ihnen einen besonderen Status, der sich politisch und wirtschaftlich, auf jeden Fall gesellschaftlich und kulturell manifestierte – und es den Frauen erlaubte, unerhört wirksam zu werden.

Unerhört, ungehört wurden diese Nonnen erst in der Moderne, sodass jede Sichtbarmachung eine kleine Revolution ist. Eva Schlotheuber machte in ihrer Habilitationsschrift eine kleine, aber im täglichen Gebrauch sehr dick angewachsene Pergamenthandschrift, das Konventstagebuch einer Nonne aus dem Heilig-Kreuz-Kloster bei Braunschweig, zugänglich – ein beredtes und bedeutendes Zeugnis, in dem eine Zisterzienserin mehr als zwanzig Jahre lang über ihr Klosterleben vor den Toren der Stadt Braunschweig erzählt. Henrike Lähnemann trug ihrerseits die Andachtsbücher der Zisterzienserinnen aus Kloster Medingen aus Bibliotheken in aller Welt zusammen, um die Bild- und Andachtswelten der Nonnen zu erschließen. Beide nutzten wir als Hintergrundinformation eine einmalige Quelle, die bislang ebenfalls nur im Klosterarchiv Lüne in den mittelalterlichen Handschriften, aber nicht ediert vorlag: die Briefsammlung der Benediktinerinnen aus Kloster Lüne. Diese knapp 1800 Briefe aus der Zeit von 1460 bis 1560 sind bewegende Dokumente des Spätmittelalters und der Reformationszeit, als sich die Nonnen entschieden gegen die Einführung lutherischer Gebräuche im Kloster wehrten. In ihren Briefen verhandeln die Frauen ein weites Spektrum an Themen aus Alltag und Festtag, von Lobbyarbeit über theologische Debatten bis hin zu Trost- und Beratungsschreiben – all das ein hochspannendes Material, um die Geschichte der Nonnen an der Grenze zwischen Mittelalter und Früher Neuzeit farbiger und lebendiger werden zu lassen, weil hier die Nonnen selbst das Wort ergreifen.

Das Zisterzienserinnenkloster Heilig Kreuz vor den Toren der Stadt Braunschweig wurde im Zuge der Reformation zunächst aufgelöst, aber dann wollte man doch nicht darauf verzichten, und es wurde wenig später als evangelisches Damenstift wiederbegründet. Die Auflösung in der Reformationszeit ist ein Schicksal, das es mit den meisten Frauenklöstern der protestantisch gewordenen Gebiete teilt – nicht jedoch mit dem Kloster Lüne, das bis heute in den alten Gebäuden als evangelische Gemeinschaft weiterbesteht. 2022 feierte das Kloster Lüne 850 Jahre ununterbrochenes Bestehen. Weiterhin lebt eine Gemeinschaft von Frauen unter einer Äbtissin in den Gebäuden, von deren Entstehung in den Briefen berichtet wird und deren Archiv die mittelalterlichen Quellen bis heute aufbewahrt. Die Frauen aus Kloster Lüne sind auch auf unserem Titelbild zu sehen, ein Ausschnitt aus einem Gemälde, das die Vision einer Lüner Konventualin im 16. Jahrhundert festhält. Es hängt weiterhin an seinem alten Platz, im Nonnenchor des Klosters Lüne.

Die Braunschweiger Zisterzienserin erwähnt ihren Namen in ihrem Tagebuch nicht. In ihren kurzweiligen Aufzeichnungen über mehr als zwei Jahrzehnte gibt sie an keiner Stelle einen Hinweis auf ihre Identität. Sie lebte gegen Ende des 15. Jahrhunderts als Nonne im Zisterzienserinnenkloster Heilig Kreuz und starb vermutlich 1507 ebenso wie zwei Drittel der Gemeinschaft an der Pest. Mit der Schilderung, wie die zunächst in der Stadt ausbrechende Pest langsam auf den Konvent übergriff und dort erste Todesopfer forderte, brechen ihre Aufzeichnungen unvermittelt ab. Die handschriftlichen Aufzeichnungen im kompakten Gebetbuchformat sind doppelt so dick, wie sie hoch sind. Das Buch wurde 1848 aus dem Nachlass des Braunschweiger Privatgelehrten Carl Friedrich von Vechelde an die Herzog August Bibliothek in Wolfenbüttel verkauft und wird unter der Signatur Cod. 1159 Novi aufbewahrt. Da die Familie von Vechelde im 15. Jahrhundert mehrere Familienmitglieder im Konvent hatte, sind die Tagebuchaufzeichnungen der anonymen Zisterzienserin vielleicht in der Familie über die Jahrhunderte tradiert worden. Der Anfang der Handschrift ist leider verloren, sodass nicht auszuschließen ist, dass die Tagebuchschreiberin am Anfang etwas über sich selbst gesagt hat. Ihre Aufzeichnungen beginnen mit dem Jahr 1484 und müssen ihr sehr wichtig gewesen sein. Den Beschreibstoff beschaffte sie sich auf möglichst sparsame, aber mühsame Art und Weise: Sie schabte den Text eines alten Gebetbuchs vom Pergament ab, um es neu beschreiben zu können, schnitt weitere Pergamentreste zurecht oder nähte kleinere Stücke zusammen, um ausreichend Material für ihre Aufzeichnungen zu haben. An manchen Stellen ergänzte sie ihren Pergament- oder Papiervorrat mit der Rückseite alter Briefe. Ihre Stellung im Konvent lässt sich nur insofern ermitteln, als sie keines der leitenden Klosterämter innegehabt zu haben scheint, weder als Priorin, noch Kellermeisterin oder Lehrmeisterin der Mädchen (*magistra puellarum*) amtierte. Damit ist die Tagebuchschreiberin eine der seltenen Stimmen, die nicht nur aus der Innenperspektive eines Konvents über das Leben hinter den Klostermauern berichten, sondern ganz unbefangen auch über Dinge sprechen, die den Nonnen problematisch erschienen oder die einfach schiefgelaufen waren. Für sie gibt es nichts zu verteidigen oder schönzureden, und in ihre Beurteilung der Ämterinhaberinnen, die die Geschicke des Konvents leiteten, fließt an einigen Stellen überraschende Kritik ein.

Wahrscheinlich gehörte es um 1500 zu den Aufgaben der Tagebuchschreiberin, sich an der Organisation und der Betreuung der Festessen zu beteiligen, die bei der Aufnahme neuer Konventsmitglieder mit den Verwandten der Nonnen im Kloster stattfanden. 1499 erzählt sie von einem solchen Festessen, zu dem Familien aus dem Niederadel geladen waren, und schließt ihre Beschreibung mit den Worten: »Dies habe ich aufgeschrieben, damit, wenn mir in Zukunft für ein ähnliches Festessen zu sorgen aufgetragen wird, ich mich etwas vorsichtiger verhalten kann.« Sie notierte die Ereignisse ihres Klosterlebens also nicht zuletzt für sich selbst. Ihre eher untergeordnete Stellung im Konvent prägt ihren Erzählstandpunkt: Die Kommentare haben einen gewissermaßen ungefilterten Charakter. Sie schreibt lateinisch, vielleicht auch um sich in der Sprache zu üben, bei deren Orthografie und Satzbau sie sich nicht immer ganz sicher war. An einigen Stellen fällt sie unvermittelt ins Niederdeutsche, wenn es emotional wird, wenn sie die Worte der Verwandten und Laien wiedergeben möchte oder wenn ihr der passende lateinische Ausdruck nicht einfällt. Und sie kann hinreißend erzählen: lebendig, erfrischend und mit Humor.

Neben der Selbstversicherung in schwierigen Situationen sieht die Tagebuchschreiberin als intendierte Leserinnen ihrer Aufzeichnungen zukünftige Generationen in Heilig Kreuz. Sie will weitergeben, was der Konvent aus Unkenntnis oder Unbesonnenheit falsch gemacht hat, damit es in Zukunft vermieden werden kann: »Das habe ich geschrieben, damit Spätere nicht jedes Wort glauben, das sie hören«, mahnt sie, als Propst und Konvent beschämt erkennen mussten, dass man Schwindlern aufgesessen war, die ihnen eine große Stiftung weit entfernt wohnender Adeliger versprochen hatten. Aber auch das unbesonnene Herauslaufen einzelner Nonnen aus der Klausur, als nachts ein Feuer auf dem Rennelberg ausbricht, wäre besser unterblieben, denn mit mehr Gottvertrauen hätte das Verlassen der Klausur – vor allem in Nachtkleidung – vermieden werden können.

Aufbauend auf den Erzählungen der Tagebuchschreiberin behandeln wir größere Themenkomplexe: Wie lebt es sich im Kloster (Kapitel I), was wissen wir über die Ausbildung (Kapitel II), wie ist das Verhältnis zu den Familien und wie funktioniert die Wirtschaft (Kapitel III), welche Rolle spielt die Musik und was bedeutet es, reformiert zu sein (Kapitel IV), wie bewältigen die Frauengemeinschaften die Umbrüche der Reformationszeit (Kapitel V), wie heilt man Krankheiten – und wie geht man mit Tod im Kloster um (Kapitel VI)? Der Anhang stellt in einem Glossar systematisch Begriffe zusammen, die dort erklärt werden und im Text mit Sternchen markiert sind, ebenso Übersichten und Leseempfehlungen.

Eine Vielzahl der Quellen, auf die wir uns für dieses Buch stützen, kommt aus dem 15. Jahrhundert. Es sind spannende Jahrzehnte, in denen schriftliche Zeugnisse sprunghaft zunehmen. So wie die Nonne aus Heilig Kreuz ein Gebetbuch aus Pergament für ihre Aufzeichnungen recycelt, um Platz zum Schreiben zu finden, zeugen auch viele andere Schriftzeugnisse aus den Frauenklöstern von einem kreativen Umgang mit dem kostbaren Schreibmaterial. Ende des 14. Jahrhunderts war in Nürnberg die erste Papiermühle in Deutschland in Betrieb gegangen, die Zahl an Lese- und Schreibkundigen wächst vor allem in den Städten und mit den Reformbestrebungen in den Klöstern, was zu einem starken Anstieg der Textproduktion führt. Die traditionelle Bezeichnung als »spätmittelalterlich« ist problematisch, wenn »spät« ein Werturteil ist. Die Geschichten und Zeugnisse der Nonnen sprechen nicht von Niedergang und Ende, nach dem dann im 16. Jahrhundert eine neue Zeit anbricht, sei es mit der Reformation oder mit einer weltlich verstandenen Wiedergeburt (»Renaissance«) der Antike. In der zeitgenössischen Perspektive wird das 15. Jahrhundert vielmehr als eine Epoche des Aufbruchs und der Entdeckung neuer Horizonte sichtbar. Wir blicken stets mit unseren Augen auf die Vergangenheit, aber wir können unsere Perspektive um die der Frauen aus früheren Generationen erweitern, wenn wir sie zu Wort kommen lassen – ob es sich um Hildegard von Bingen und ihre Gemeinschaft im 12. Jahrhundert oder um die anonym gebliebene Zisterzienserin aus Heilig Kreuz und ihre Mitnonnen im 15. Jahrhundert handelt. Sie sind die Hauptakteurinnen ihrer Geschichte. Wir möchten möglichst viele der vergessenen Stimmen wieder hörbar machen. Darum haben wir uns dazu entschlossen, jedes Kapitel mit einem Bericht aus dem Konventstagebuch der Braunschweiger Zisterzienserin zu beginnen – Berichte aus erster Hand zu Läusen, Lebkuchen und Liebesbezeugungen für Christus.

Zu dem reichen Erbe der Frauenklöster gehört auch ihre musikalische und materielle Kultur, die wir mit in das Buch einbeziehen wollen, von den großen Bildteppichen über die Skulpturen bis hin zur mittelalterlichen Architektur, von der sich in Deutschland mehr als in den meisten anderen europäischen Ländern erhalten hat. Jedem Kapitel sind daher als Anschauungsbeispiele mittelalterliche Kunstwerke aus Frauenklöstern beigegeben, die das Thema aus der Sicht der Nonnen beleuchten.

Das Buch ist aus langjähriger Zusammenarbeit erwachsen und gemeinsam konzipiert. Eva Schlotheuber hat die Anfangsgeschichten beigesteuert und war federführend bei den systematischen Kapiteln, Henrike Lähnemann hat das fortgeführt und die Bildgeschichten verantwortet. Das Buch ist darüber hinaus im Gespräch mit wissenschaftlichen und persönlichen Weggefährten entstanden – Martina Backes aus der Freiburger Germanistik, Berndt Hamm für die Theologie, Thomas Noll aus der Göttinger Kunstgeschichte, Friedel Helga Roolfs für das Mittelniederdeutsche, Philipp Stenzig aus der Düsseldorfer Geschichtswissenschaft. Sabine Wehking und Christine Wulf von der Inschriftenkommission haben das Vorhaben unterstützt, ebenso die große Lüner Arbeitsgruppe der Briefedition in Oxford und Düsseldorf. Kristin Rotter vom Propyläen Verlag hat das Projekt nicht nur angeregt, sondern mit Begeisterung und Ermutigung begleitet; in Heike Wolter fand das Projekt eine hervorragende Lektorin. Ein besonderer Dank gebührt Wolfgang Brandis, dem Archivar der Lüneburger Klöster, der einen Großteil der Abbildungen erstellte und die Bildrechte mit den einzelnen Klöstern abklärte, deren Äbtissinnen und Konvente uns von Anfang an mit ihrem Interesse an der eigenen Geschichte ermutigt haben.

I. KLAUSUR

Das mittelalterliche Frauenkloster ist um das Konzept der *Klausur aufgebaut, das abgeschiedene Leben von der Welt. Charakteristische Eigenschaften der besonderen Lebensform der Nonnen werden gerade sichtbar, wenn diese Ordnung gestört wird, wenn ein Krieg ausbricht und die Nonnen fliehen müssen, wie die Tagebuchschreiberin aus dem Kloster Heilig Kreuz für das Jahr 1492 berichtet.

---

* Begriffe, die im Glossar erläutert werden, sind im Folgenden mit einem Sternchen gekennzeichnet.

1. Die Flucht der Nonnen

Plötzlich mitten im Krieg – die große Braunschweiger Stadtfehde

Am 12. August 1492 schickte der junge Herzog Heinrich der Jüngere Fehdebriefe in die Stadt Braunschweig. Die Braunschweiger Ratsleute hatten sich geweigert, dem neuen Herzog zu huldigen, der ihre alten Rechte und Freiheiten nicht bestätigen wollte.

Zwischen der herzoglichen Residenz in Wolfenbüttel und der Stadt Braunschweig lag vor den Stadtmauern das *Zisterzienserinnenkloster Heilig Kreuz. Die Nonnen waren in Aufruhr, was sollten sie tun? Bleiben und hoffen, dass der Herzog sie verschonen würde, oder Kloster und Klausur verlassen und nach Braunschweig fliehen? Es drohte Krieg, die Ratsherren drängten die Nonnen zur Flucht: *Leven kynder, wor wil gy bliven?* »Liebe Kinder, wo wollt ihr bleiben? Der Herzog ist uns näher, als ihr selbst glaubt.« »Lauft, lauft, liebe Kinder, er steht bereits vor dem Krüppelholz.« Immer wieder kamen sie hinaus zum Kloster und drängten die Frauen: »Liebe Kinder, seid ihr noch hier? Der Herzog ist bereits innerhalb der Landwehr und wollte der Altstadt die Kühe nehmen. Ach, ach, hätten wir euch in der Stadt, so wüssten wir euch wohl bewahrt, dass ihr des edlen Schatzes eurer Jungfräulichkeit nicht beraubt würdet.« Die Ratsboten, aber auch Bürgerinnen kamen zum Kloster und schilderten die Grausamkeiten des Herzogs in allen Farben, aber die Frauen zögerten – der Bruch der Klausur wog schwer.

Die Angst und Ungewissheit der Nonnen sprechen lebendig aus den Tagebuchaufzeichnungen jener Nonne von Heilig Kreuz, die uns ihren Namen nicht verrät, aber über viele der bewegenden Ereignisse berichtet. Sie weiß, die Nonnen von Heilig Kreuz zögerten nicht ohne Grund. Sie wussten sehr wohl, dass die Braunschweiger Ratsherren in dem Streit Partei waren. Die Zisterzienserin notierte in ihrem Tagebuch hellsichtig, dass ihr schien, der Horror der Nachrichten bewegte die Nonnen mehr als die tatsächliche Gefahr. Und sie wussten auch, dass von ihrem gut befestigten Kloster aus die Stadt leicht unter Beschuss zu nehmen war. Deshalb hatte der Rat großes Interesse daran, dass die Nonnen in die Stadt zogen, damit sie im Kloster städtische Söldner einquartieren konnten, bevor der Herzog kam und es einnahm. Unvermittelt befanden sich die Nonnen von Heilig Kreuz im Zentrum des Konflikts. Und sie standen nicht nur räumlich zwischen den Parteien, sondern auch in sozialer Hinsicht. Innerhalb der Klostermauern lebten die Töchter des Braunschweiger *Patriziats, des städtischen Bürgertums also, und die Töchter der umliegenden Adelsfamilien einträchtig zusammen. Das kam nicht von ungefähr. Das Zisterzienserinnenkloster Heilig Kreuz war eine Sühnestiftung und verdankte seine Gründung einer 1227 ausgebrochenen Fehde zwischen dem herzogsnahen Ritteradel und der aufstrebenden Stadt Braunschweig. Damals hatten die Ministerialen vor den Mauern der Stadt ein Turnier dazu genutzt, die Stadt mit bewaffneten Rittern überraschend zu überfallen. Aber die Braunschweiger wussten sich gegen sie zu behaupten und zwangen die Adeligen anschließend, zur Sühne für ihre Gewalttat auf ihrem einstigen Turnierfeld, dem Rennelberg, ein Kloster zu gründen. Die Stiftung eines Nonnenklosters vor den Toren der Stadt bot viele Vorteile. Es befreite die Braunschweiger von der Präsenz der Ritter und ihrer Turnierspiele direkt vor ihren Toren, zumal ein Turnier auch immer zur Vorbereitung von Kriegszügen genutzt werden konnte. Stattdessen entstand ein befriedeter Grund, auf dem die Töchter der Braunschweiger Bürger und des umliegenden Adels gemeinsam ein geistliches Leben führten und so auf ihre Weise der Sicherung des Friedens zwischen den rivalisierenden Ständen dienten.

Tatsächlich hat das wohl auch lange funktioniert, aber spätestens mit Beginn der Großen Braunschweiger Stadtfehde im August 1492 brachen die alten Gegensätze wieder auf. Die Nonnen wussten sich in dieser verzwickten Situation keinen Rat, aber als der Konflikt sich zuspitzte, packten sie ihr Hab und Gut, ihr Bettzeug, ihre guten Mäntel und Schleier und schickten alles mit Boten zu den Verwandten in Sicherheit. Um das Kloster lungerten bereits Tag und Nacht städtische Söldner, aber weniger zu ihrem Schutz, wie die Tagebuchschreiberin bitter bemerkt, als vielmehr um den Platz für die Stadt zu halten. Zwar durften sie die Klausur, also den inneren Bereich der Frauen, nicht betreten, aber sie vandalierten im Hof, in den Küchen und Vorratsräumen. Dabei erschreckten sie den *Propst der Nonnen so sehr, dass dieser den Frauen mitteilte, er werde das Kloster verlassen und sich in der Stadt in Sicherheit bringen. Wenn sie bleiben wollten, läge das in ihrer eigenen Verantwortung. Das machte die Sache nicht besser.

Einige Nonnen rieten, dass man Briefe an die mit dem Kloster verbundenen Adelsfamilien schicken sollte, die im Rat des Herzogs einflussreich waren, um sie zu bitten, dass sie und ihr Kloster verschont würden. Die diskrete Diplomatie war insofern erfolgreich, als die Angeschriebenen versprachen, sich beim Herzog nach Kräften für sie einzusetzen, aber sie warnten, dass es aufgrund der Gewaltbereitschaft der verschiedenen Heere unmöglich sein werde, ihren Schutz zu garantieren. Guter Rat war teuer, als nun auch auf diesem Weg keine Gewissheit zu erlangen war. Die Zisterzienserin fügt ihren Tagebuchnotizen deshalb etwas hinzu, was wir selten hören: eine recht ungeschminkte Kritik an der Amtsführung der Oberen, der erst kurz zuvor gewählten Äbtissin Mechthild von Vechelde. Wie umherirrende Schafe seien sie in jenen angstvollen Tagen gewesen, und zwar deshalb, weil ihre Hirtin, die Äbtissin, von Angst und Schrecken wie gelähmt gewesen sei und keinen Rat zu finden vermochte. Deshalb geschah es, dass sie Dinge versprach, die später unter Reuebekundungen wieder korrigiert werden mussten.

An einen geregelten Tagesablauf war nicht mehr zu denken. An Mariä Himmelfahrt, am 15. August, machten sie noch einmal gemeinsam eine Prozession durch das Kloster, Kreuzgang und Friedhof. Aber am Morgen, als sie durch ihre Fenstergitter schauten, sahen sie entsetzlich bewaffnete Ritter, sie hörten Schüsse, und die Glocken läuteten. In der Nacht kamen dann Ratsboten, die ihnen mehr oder weniger befahlen, das Kloster zu verlassen. Der Auszug war beschlossen. Am Morgen versammelten sich die Nonnen zum Glockenschlag in der Kirche, um sich und ihr Kloster Gott anzuvertrauen. Die Zisterzienserin beschreibt, dass sie so sehr weinten und klagten, dass sie kaum zu singen vermochten. Sie intonierten gemeinsam die *Antifon *O crux splendidior* (»O,

Kreuz, glänzender als alle Sterne«), den ihnen wohlbekannten liturgischen Wechselgesang. Es folgten fünf *Paternoster, ehe sie sich Gott, dem Heiligen Kreuz als ihrem Patron und allen Heiligen überantworteten und gemeinsam unter Tränen den Chor verließen.

Für den Auszug formierten sie sich in Prozessionsordnung: An der Spitze der Propst und seine *Kleriker, es folgte die Äbtissin Mechthild von Vechelde, der zum Geleit eine Frau aus der Braunschweiger Bürgerschaft an die Seite gestellt worden war, dann die *Priorin Remborg Kalm und die ältesten Nonnen, die *seniores*, anschließend die *Subpriorin und zum Schluss sowohl alle Nonnen, die bereits die Nonnenkrönung erhalten hatten, als auch die Anwärterinnen, die Mädchen mit ihrer *Magistra. Daran schlossen sich die *Laienschwestern an, und den Abschluss bildeten zwei oder drei Männer sowie die übrigen Frauen. Alle zusammen zogen gemeinsam in den Grauen Hof, den Wirtschaftshof der Zisterzienser in Braunschweig.

Das Exil

Der Graue Hof in Braunschweig gehörte den Zisterziensern in Riddagshausen, die hier das Getreide, das ihre Bauernhöfe produzierten, lagerten und verkauften. Ein Riddagshauser Mönch nahm die Gruppe in Empfang und führte sie hinein. Doch zeigte er ihnen zunächst nur einen einzigen Raum. Dem Propst und seinen Klerikern wurde schnell klar, dass sie hier nicht zusammen mit den Frauen bleiben konnten, zu beengt waren die Verhältnisse. Die Nonnen verabschiedeten sich daher von ihm unter Tränen für diese erste Nacht. Sie lasen zusammen die *Komplet in dem Raum, in den sie der Mönch geführt hatte, und schliefen erschöpft in den Fensternischen hockend oder mit den Köpfen an die Wände gelehnt ein. Am nächsten Morgen sah dann alles schon anders aus. Zurückgekehrt zeigte der Mönch ihnen eine Kapelle, in der sie den Gottesdienst feiern konnten, zwei Räume, die sich als *Dormitorium, also als gemeinsamer Schlafsaal, eigneten, und einen eigenen Raum für die Äbtissin. Der Raum, in dem sie die erste Nacht zugebracht hatten, wurde zum *Refektorium umfunktioniert, und es gab sogar eine Wärmestube mit einer Steinofen-Luftheizung, eine sogenannte Hypokaustenheizung mit elf Sitzen, die mit warmer Luft beheizt werden konnten. In der Mitte der Anlage des Grauen Hofs entdeckten sie jetzt am hellen Morgen einen großen Hof mit Bäumen und einem kleinen Teich, für den der Propst ihnen einige Fische besorgte. Auch für alle anderen Verpflichtungen des religiösen Tagesablaufs fand sich schließlich eine Lösung: In einem Raum vor dem Eingang zur Kapelle, aber stets bei geschlossenen Türen, nahmen die Nonnen die Kommunion. Eine kleine Kammer über der Kapelle, die *priche*, richteten sie als ihr Beichtzimmer ein, freilich war es hier so beengt, dass sie vor dem Beichtvater knien mussten. Den Raum vor der Kapelle nutzten sie auch als Ort für die Predigt, die ihnen üblicherweise der Beichtvater, der Propst oder manchmal auch von außen eingeladene Kleriker hielten. Hier fanden auch die tägliche Lesung (*collatio*) nach der **vesper* statt und die Fußwaschung am Donnerstag. In der Kapelle selbst sangen sie zusammen täglich die sieben *Horen, die *Stundengebete, und feierten den Gottesdienst, wie sie es gewohnt waren.

Die Räume im Kloster hatten eine klare Hierarchie gemäß ihrer sakralen Funktion und Bedeutung, die für die Nonnen und Mönche sehr wichtig war. Herzstück des klösterlichen Lebens war die tägliche Zusammenkunft im *Kapitelsaal, die Kapitelsitzung. Im Exil wählten die Nonnen hierfür den Raum vor der Kirche, aber weil er nicht sicher abgeschlossen werden konnte und während des Kapitels die nur für die Nonnen bestimmten Dinge wie Regelverstöße und andere sensible Themen verhandelt wurden, war das keine ideale Umgebung.

Gemeinsame Prozessionen mussten während der Zeit des Exils vollkommen ausfallen. Die Braunschweiger Ratsherren hatten die Nonnen in ihrem erzwungenen Zufluchtsort durchaus im Blick. Vorsichtshalber befahlen sie dem Riddagshauser Mönch nach einigen Tagen, in sein Kloster zurückzukehren. Der Propst mit seinen Klerikern, die für die Nonnen die Messe feierten und ihre geistlichen Betreuer waren, der Koch und der Bäcker sowie einige andere Bedienstete blieben bei ihnen, freilich räumlich getrennt. Allerdings, so fügt die Tagebuchschreiberin kritisch an, nicht so fest mit Schlössern und Riegeln getrennt, wie es sich geziemt hätte. Jede Gruppe im Kloster hatte ihren eigenen Haushalt, was hier neu organisiert werden musste. Der Koch für die Priester und die **familia*, also die weltlichen Bediensteten der Nonnen, sowie die Laienschwestern kochten zusammen und wärmten sich an einem Feuer, die Priester und Scholaren und der Rest der *familia* an einem anderen. Die räumliche Trennung der verschiedenen sozialen Gruppen der Gemeinschaft, Männer wie Frauen, derer es für ein Klosterleben in strenger Klausur bedurfte, wie es die Zisterzienserinnen von Heilig Kreuz lebten, war damit notdürftig hergestellt. Sie war die Grundlage für ihre Lebensform und die Voraussetzung für ihre wichtigste Aufgabe, den Gottesdienst und den Vollzug der *Liturgie. Dabei hing die Qualität ihrer Gebete und ihres Gottesdienstes nach ihrem Selbstverständnis von der Qualität ihres geistlichen Lebens in Klausur ab, von der konzentrierten Erfüllung ihrer Pflichten und ihrer inneren Hinwendung zu Gott. Das im Exil sicherzustellen war eine große Herausforderung, die die Gemeinschaft nun gemeinsam stemmen musste – und die Bedingungen dafür waren alles andere als ideal.

Die Klausur war in den mittelalterlichen Klöstern sorgfältig durch die baulichen Gegebenheiten geschützt, aber jetzt musste man improvisieren. Für die Feier der Messe mussten die Priester mit den Scholaren und allen anderen, die an der Messe teilnahmen, durch die Räumlichkeiten hindurchgehen, in denen sich die Frauen aufhielten. Sie konnten also, schreibt die Zisterzienserin besorgt, alles, was ihnen sonst verborgen blieb, und alle geheimeren Dinge hören und sehen, auch wenn sie sich körperlich abwandten. Der Propst hatte den männlichen Geistlichen eingeschärft, sich von den Frauen so weit wie möglich fernzuhalten, und die Äbtissin befahl den Nonnen, dass ohne Sondererlaubnis niemand die ihnen zugewiesenen Räumlichkeiten verlassen dürfe, außer den Kapellmeisterinnen, um die Liturgie vorzubereiten, der *Kellermeisterin und den Laienschwestern für ihre verschiedenen Arbeiten und Aufgaben. Der größte Teil der Männer und der Frauen, so die Tagebuchschreiberin, hielt die Verbote sorgfältig ein. »Aber einige waren neugierig und standen an den Fenstern oder gingen unter einem Vorwand in die Küche und die Weberei, wo die Priester, Scholaren und Bediensteten mit den Laienschwestern häufiger ein paar Worte wechselten, weil sie sehen und gesehen werden, hören und gehört werden wollten. Aber mit Gottes Hilfe und durch die Intervention Mariens«, so schließt sie dieses delikate Thema, »und obwohl einige ziemlich unvorsichtig waren und an für uns unerlaubte Orte ohne Zeugen oder eine Begleiterin gingen«, passierte glücklicherweise nichts Schlimmes, obwohl es Gerüchte gab. »Davon schreibe ich jetzt aber nichts weiter«, wendet sich die Tagbuchschreiberin direkt an ihre Leserinnen, »aber ich ermahne diejenigen, die das hier lesen werden, damit sie sich vorsehen, dass sie nicht in ähnliche Gefahren laufen.«

Auch mit der Körperhygiene war es in der neuen Situation nicht leicht. Es gab im Innenhof einen kleinen

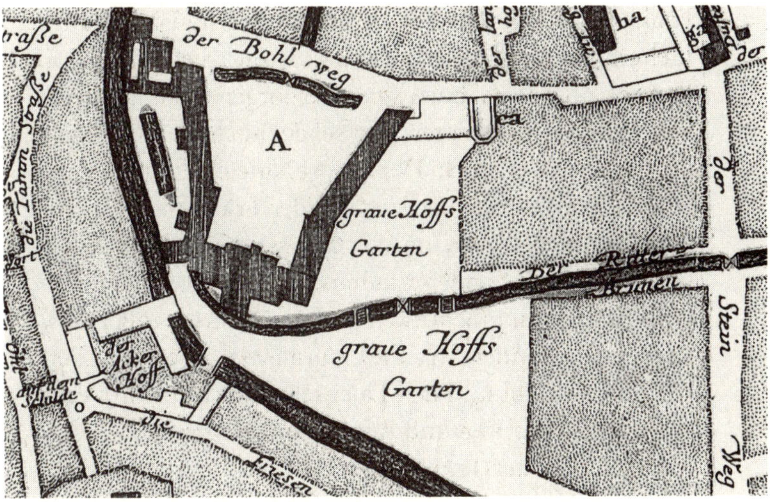

Abbildung 1: Kartenansicht des Grauen Hofs in Braunschweig, Ausschnitt aus dem »Plan der Stadt Braunschweig« von Albrecht Heinrich Carl Conradi um 1755; A = Grauer Hof

Apfelbaumgarten: Die Frauen stellten eine große Tonne als Badezuber dorthin und hatten, wie die Tagebuchschreiberin freudig notiert, ihr Badehaus ohne Dach und Ofen, »was uns ganz besonders gefiel, auch im Winter in der kalten Luft«. Der Hof war freilich feucht, und die Frauen vermuteten hier eine Brutstätte für Schädlinge. Als eine alte und schon leicht debile Schwester eines Tages ein oder zwei Stunden im Zellentrakt saß und auf ihren Mantel schaute, entdeckte sie, dass er »lebte«: Er war übersät mit Würmern und Läusen. Freilich sagte sie nichts und verheimlichte es, so gut sie konnte, aber dann passierte anderen Schwestern dasselbe, und sie konnten es aufgrund der Bissigkeit der Läuse nicht mehr verheimlichen. Als sie die Kleider einsammelten, um sie zu waschen, stellte sich heraus, dass der größte Teil der Gemeinschaft von der Läuseplage befallen war.

Inzwischen belagerte der Herzog die Stadt und versuchte sie auszuhungern. Es wurde immer schwieriger, an Lebensmittel zu kommen, sodass die Frauen in Braunschweig, die sich und ihre Familien nicht mehr durch ihre Arbeit ernähren konnten, sich die Gesichter schwarz malten, um nicht entdeckt zu werden. Sie liefen nachts bis Peine und Hildesheim, um Lebensmittel zu beschaffen, die sie dann zum doppelten Preis in der Stadt verkauften. Von ihnen kaufte auch die Äbtissin für die Gemeinschaft von Heilig Kreuz, weil es sonst nichts gab. Auch in einer Braunschweiger Chronik werden diese Frauen erwähnt, die erfolgreich den Versuch des Herzogs unterliefen, die Stadt auszuhungern. Unter der Überschrift »Von den Frauenfeinden« heißt es hier, dass der Herzog so erbost darüber war, dass er Fehdebriefe gegen die Frauen in die Stadt schickte, um sie zu Kombattantinnen, also Kriegsgegnern, zu erklären und bekämpfen zu können. Während die Hungersnot in der Stadt ausbrach, liefen die Laienschwestern und Kleriker viele Male zum Heilig-Kreuz-Kloster zurück und brachten von dort alles, was sie tragen und gebrauchen konnten, in die Stadt. Dabei fanden die Scholaren an verschiedenen Stellen im Kloster und in den Zellen die Zöpfe, die den Mädchen beim Eintritt in den geistlichen Stand abgeschnitten worden waren, vergleichbar mit dem Scheren der Tonsur bei den Mönchen. Die Mädchen hatten sie in allen möglichen Winkeln in ihren Zellen versteckt. Weil die Scholaren jedoch ehrenhaft waren, so die Tagebuchschreiberin, geschah nichts Böses damit. »Aber sie erzählten den Laienschwestern, wie dumm und unvorsichtig wir seien, dass wir unsere Zöpfe nicht besser aufbewahrten, vor allem wenn wir das Kloster verließen, und wie viel Gefahr für unsere Jungfräulichkeit daraus erwachsen könne.« Was die Scholaren und Laienschwestern nicht mitnehmen konnten, wie die Andachtsbildchen an den Wänden und einiges andere, was weniger wertvoll war, wurde von Frauen aus der Stadt und anderen gestohlen, die den Ort durchstreiften und alles Heilige mitnahmen, was sie finden konnten, »was uns bei der Rückkehr sehr betrübte«.

Die Tagebuchschreiberin legt anlässlich des Exils mit ihren Erzählungen zum ersten Mal den Alltag und geistlichen Umgang frei, der sonst vor den Augen der Zeitgenossen verborgen war. Weil sie in dieser für die Nonnen höchst ungewöhnlichen und bedrohlichen Situation auch das Alltägliche berichtet, gibt sie auch späteren Leserinnen und Lesern einen besonderen und lebendigen Einblick in ein sonst durch Mauern und feste Klausur beschirmtes und beschütztes Leben.

2. Der klösterliche Lebensraum

Ein mittelalterliches Frauenkloster ist ein komplexer Organismus, der Frauen und Männer, verschiedene soziale Gruppen und viele Personen umfasste, die unterschiedlich eng an die Frauengemeinschaft gebunden waren. Alle diese Gruppen hatten spezifische Aufgaben und eigene Bedürfnisse, für die sie eigene Lebensräume brauchten. Die Organisationsform mittelalterlicher Frauenklöster hat sich wie die der Männer über Jahrhunderte ausgebildet. Sie war räumlich auf die Kirche als sakrales Zentrum ausgerichtet, wo sich alle Beteiligten zusammenfanden. In der sakralen Hierarchie kam an zweiter Stelle der Bereich, der die Klausur der Frauen umfasste, und dann der Bereich der Laienschwestern und -brüder, die aufgrund ihrer zahllosen Aufgaben auf dem Klosterhof und den Feldern sozusagen ein semi-geistliches Leben zwischen Kloster und Welt lebten. Das komplexe Gebilde »Kloster« musste laufend an die jeweiligen örtlichen und personellen Gegebenheiten angepasst werden.

Kloster und Klausur: Zur Begrifflichkeit

Was in der Schilderung der erzwungenen Flucht nach Braunschweig besonders deutlich wird, ist die Bedeutung der Klausur für ein Kloster: Das Abgeschlossensein von der Welt lässt sich als eigentliche Definition des Klosters ansetzen. Das deutsche Wort »Kloster« kommt vom lateinischen *claustrum*, Partizip des Verbs *claudere* (abschließen), das im mittelalterlichen Latein die populäre

Form *clostrum* angenommen hatte. Das Wort »Klausur« ist eine spätere Ableitung von der gleichen Wortform. Die Mauern, die das Kloster umgeben, beschränken den Aktionsradius der Frauen auf das Innen, bieten aber auch Schutz vor dem Außen. Die äußere Welt sollte abgeschlossen sein, damit sich eine innere öffnen konnte. Das monastische Leben der alten Orden wie der *Benediktinerinnen und Zisterzienserinnen diente dementsprechend der Kontemplation und Meditation. Aus der Sicht der späteren protestantischen Geschichtsschreibung wurde nur die einschränkende Funktion wahrgenommen; die Romane des 19. Jahrhunderts sind voll von Figuren der armen eingesperrten Mädchen, die sich nach dem romantischen Befreier aus dem Kerker des Klosters sehnen und gegen ihren Willen von den »Pfaffen« und der Äbtissin hinter den Mauern festgehalten werden. Im »Digitalen Wörterbuch der deutschen Sprache« wird als eine der häufigsten Wortverbindungen »ins Kloster einsperren« genannt. In der mittelalterlichen Wahrnehmung stellte sich das sehr anders dar.

Das Exil der Nonnen von Heilig Kreuz zeigt, wie schwer es der Gemeinschaft fällt, diesen Schutzraum zu verlassen. Auch in den Lüner Briefen verwenden die Frauen selbst durchgängig positive Bilder, wenn sie von der Klausur sprechen. Es ist ihr Raum. Es ist der »Weinberg des Herrn«, eingezäunt gegen Wildschweine, oder der »Rosengarten«, in dem die Frauen wie die Braut des Hoheliedes mit Jesus als ihrem Freund spazieren gehen können. Auf dem Wichmannsburger *Antependium beispielsweise, einem reich bestickten Altartuch, sitzt eine Frau in einem mit einem geflochtenen Zaun abgeschlossenen Garten am Fuß des Kreuzes und windet einen

Kranz aus Rosen, die von dem Blüten und Früchte tragenden Kreuzesbaum herunterfallen.

Nonnenchor, Kapitelsaal, Refektorium, Dormitorium: Zur Architektur des Klosters

Weil der Schutz gerade durch die Abgeschlossenheit entstand, waren die Kommunikationswege besonders wichtig. Es brauchte selbstverständlich enge Kontakte und gut eingespielte Kommunikationsräume in die Außenwelt. Das Klosterareal war meist nur an drei Stellen für die Welt durchlässig: zum Ersten an der Klosterpforte, die für die Nonnen die enge Pforte symbolisierte, die ins Himmelreich führt; zum Zweiten am Sprechgitter, an dem sich die Nonnen zu Besuchszeiten mit ihren Angehörigen aus der Stadt besprechen konnten; zum Dritten in der Klosterkirche, die aber im Sinne der sakralen Hierarchie auch in klare Bereiche aufgeteilt war: Im Osten war der Ort des *Klerus, der Westen war in vielen Fällen in eine Unterkirche für die Ortsgemeinde und den darüber liegenden *Nonnenchor unterteilt.

Wie man etwa heute noch im niedersächsischen Wienhausen sehen kann (Tafel 14 und 15), konnte der Nonnenchor die Ausmaße einer kleinen Kirche annehmen und war mit Chorgestühl und Altären für den Gottesdienst ausgestattet. Da die Nonnen sich nachts oder am frühen Morgen im Nonnenchor zur **matutin* zusammenfanden, sollten die Wege kurz sein. Die Nonnen gelangten meist über einen eigenen Gang dorthin, der das Dormitorium im Obergeschoss des Kreuzgangs direkt mit dem Nonnenchor verband. Die Bedeutung des Nonnenchores als sakraler Raum wird daran deutlich, dass den Laienschwestern das Betreten nur an besonderen Festtagen gestattet war. Sie durften den Weg über den Nonnenchor auch nicht als Abkürzung nutzen, um etwa schneller in die Kirche zu kommen.

Ein weiterer den Chornonnen vorbehaltener Bereich war der Kapitelsaal, auch wenn zu wichtigen Ereignissen der Propst hinzukommen konnte. Wie in dem Bericht aus dem Braunschweiger Exil der Heilig-Kreuz-Nonnen deutlich wird, bildete er das kommunikative Zentrum der Gemeinschaft, weil dort die täglichen Versammlungen stattfanden. Wenn nicht, wie bei diesem Anlass, improvisiert werden musste durch die Umwidmung eines ursprünglich dafür nicht vorgesehenen Raums, war es häufig ein architektonisch besonders ausgestalteter Klosterbereich, der wie die Kirche mit Säulen und Ornamenten verziert war, um die Wichtigkeit dieses repräsentativen Gemeinschaftsraums zu betonen. Hier wurde Bericht erstattet, der Ablauf der Liturgie an Festtagen besprochen, über Pläne beraten, und es wurden Beschlüsse für die Zukunft gefasst.

Dafür hatten die Laienschwestern ihren eigenen Bereich, das Werkhaus, in dem sie Handarbeiten ausführten. Es musste gutes Licht haben und lag etwas außerhalb des engeren Klausurbereichs, dessen architektonisches Rückgrat der *Kreuzgang war. Der Schlafsaal der Laienschwestern lag entsprechend in einem Flügel, der weiter weg von der Kirche und näher am Arbeitsbereich war.

Die Küche war das Reich der **celleraria* (Wirtschafterin), die die Laienschwestern beaufsichtigte, die das Essen dann im Refektorium auftrugen. Im Refektorium saßen die Nonnen unter dem Vorsitz der Äbtissin an langen Tischen, während die jeweils dafür bestimmte *lectrix*, die »Vorleserin«, geistliche Schriften vorlas. Aus Kloster Lüne wissen wir, dass ein wichtiger Bestandteil der Reform die Rückkehr zum gemeinsamen Mahl war; dafür wurde extra aus Kloster Ebstorf eine erfahrene Celleraria geschickt, die es verstand, alle Konventualinnen das ganze Jahr über zu versorgen. Das ist auch auf einer Tafel zur Darstellung der Reform aus Kloster Medingen erkennbar, bei der links die Speise- und Kellermeisterin den Eintopf abschmeckt, den die Laienschwester im großen Kessel gekocht hat (Abbildung 10).

Insgesamt gilt auch für Frauenklöster die für ein Männerkloster gültige Grundanlage, wie sie am bekanntesten im St. Galler Klosterplan festgehalten ist, mit Bereichen für Beten, Wohnen, Essen, Heilen, Gästebewirtung und Wirtschaften. Allerdings ist noch seltener als bei Männerklöstern dieser Idealplan vollständig oder auch nur weitgehend umgesetzt. Frauenklöster wurden sehr viel häufiger als Männerklöster durch Umwidmungen bestehender Gebäude gegründet, an die dann stück- und bedarfsweise angebaut wurde, sodass sich innerhalb der Klostermauern oftmals eher lockere Bauensembles finden und nicht exakt abgezirkelte Komplexe, wie es etwa bei den Zisterziensermännerklöstern häufiger der Fall ist. Diese Vielschichtigkeit, die erkennen lässt, wie die Gemeinschaft über die Jahrhunderte gewachsen ist und sich jeweils neuen Anforderungen an die Raumorganisation gestellt hat, macht aber gerade auch den Reiz von Gebäudekomplexen wie Kloster Lüne aus, wo barocke Häuser neben Backsteingotik stehen und auf dem alten Brauhaus eine hochmoderne Textilrestaurierungswerkstatt im Dachgeschoss eingebaut ist.

Horen, Messen, Kirchenjahr: Zur Zeitstruktur im Kloster

Der Tagesablauf der Nonnen war von einer mehrschichtigen Zeitstruktur bestimmt. Getreu dem Psalmwort »Vom Aufgang der Sonne bis zu ihrem Niedergang sei gelobet der Name des Herrn« verteilten sich die Gebetszeiten, nach dem lateinischen Wort *hora* für Stunde auch Horen genannt, von Sonnenauf- bis -untergang, ja sogar noch darüber hinaus, da die Nonnen wie die klugen Jungfrauen aus dem Gleichnis Jesu ihrem Bräutigam um Mitternacht vorbereitet entgegentreten können wollten. Der Tag im Kloster war durch das Stundengebet, die sieben monastischen Horen, strukturiert, in denen vor allem die Psalmen rezitiert wurden. Die Tabelle im Anhang (Kapitel VII.2) bringt eine Übersicht über die sich daraus ergebende Tagesstruktur. Der liturgische Tag begann mit der *Vigil am Vorabend, eine Tradition, die sich mit »Heiligabend« bis heute für das Weihnachtsfest bewahrt hat. Am Abend beschloss die Komplet das Tagwerk und mit der Matutin begann der neue Tag. Die **nocturn*, das Nachtgebet, wurde bisweilen in den frühen Morgenstunden mit der Matutin zusammen gefeiert, sodass die Nachtruhe nicht unterbrochen wurde.

Der Tag hatte im Sommer und im Winter eine unterschiedliche Länge, da er sich nicht nach den modernen Stunden, sondern nach dem Sonnenaufgang und -untergang richtete. Zum Tagesanbruch standen die Nonnen dann zum zweiten Mal zur *prim* auf, woran sich das Kapiteloffizium anschloss, wofür sich der gesamte *Konvent in den Kapitelsaal im Ostflügel der Klausur begab. Das sogenannte Kapitel hatte seinen Namen von der

Lesung eines Kapitels aus der Ordensregel und war der wichtigste Sammlungspunkt der Gemeinschaft. Im Kapitel hatte die Klostervorsteherin den Vorsitz, ihr zur Rechten und zur Linken saßen die Nonnen dem »Professalter« nach, also dem Datum ihrer *Professablegung folgend. Im Kapitel hielt die Äbtissin oder Priorin geistliche Ansprachen an die Gemeinschaft, hier wurden Verstöße gegen die Ordensregel geahndet, der Tagesablauf besprochen und die jeweiligen Arbeiten für den Tag verteilt; auch wurde der verstorbenen Konventsmitglieder, Laienschwestern und -brüder oder Stifterinnen und Stifter gedacht. Anschließend war etwa ein bis zwei Stunden Zeit für anstehende Arbeiten, ehe man sich wieder zur *terz* versammelte, an die sich gegen 10 Uhr die Konventsmesse anschloss, die die Frauen im Nonnenchor verfolgten. Erst dann gab es gegen 11 Uhr die erste Mahlzeit des Tages, das *prandium*, das die Mönche und Nonnen, die ein Gemeinschaftsleben führten, gemeinsam im Refektorium einnahmen. Zu den gemeinsamen Mahlzeiten übernahm eine Schwester die Tischlesung, die exegetische Schriften der Kirchenväter, Liturgieerklärungen oder Exempelgeschichten sowie auch die Lebensbeschreibungen vorbildhafter Heiliger umfasste. Die *sext* wurde bisweilen vor dem Essen, bisweilen auch danach rezitiert, die *non* dann am frühen Nachmittag, woran sich wieder Zeit für Arbeiten oder Erholung anschloss. Die Vesper beschloss den Arbeitstag. Gegen 17 oder 18 Uhr versammelte sich der Konvent wieder im Refektorium zum Abendessen. Vor der Nachtruhe, die mit dem Einsetzen der Dunkelheit begann, gab es vielfach im Nordflügel des Kreuzgangs noch eine abendliche Lesung (*collatio*), in der Regel mit einem stärkenden Getränk, ehe bei der Komplet mit dem Lobgesang des Simeon der Tag in die Hände Gottes gelegt wurde.

In den Gebetbüchern der Nonnen aus Kloster Medingen wird deutlich, wie jeder Schritt im Tagesablauf symbolisch aufgeladen ist. Beim Aufstehen soll die Nonne daran denken, wie Christus von den Toten auferstand, wenn sie ihr Gewand anlegt, wie Christus sie einst mit dem Gewand der Unsterblichkeit kleiden wird, wenn sie zum Nonnenchor hinaufgeht, wie Christus nach Jerusalem hinaufging und so weiter. Über die klösterlichen Strukturen legt sich eine geistliche Bedeutungsschicht, die den Alltag symbolisch überhöht und im Sinne der Heilsgeschichte ausdeutet. Der Gottes›dienst‹ sowohl der Nonnen als auch der Mönche war dem Fremd- und Selbstverständnis zufolge zentral für die Errettung der Menschheit. Sie waren sozusagen Expertinnen des Immateriellen für den Bedeutungsraum jenseits der materiellen Welt, weshalb sie sich selbst stets in größeren Zusammenhängen von Raum und Zeit verorteten.

Das wird besonders an der Jahreseinteilung sichtbar, die von der liturgischen Wiederkehr der Ereignisse der Heilsgeschichte bestimmt wird. Zu Weihnachten werden die Nonnen in den Andachtstexten angewiesen, Maria dabei zu helfen, das Christkind zu wickeln und zu pflegen, in der Passionszeit über der Betrachtung seiner verwundeten Gliedmaßen mitzuleiden, um dann zu Ostern mit Maria Magdalena dem auferstandenen Christus wieder begegnen zu können. Wie stark es das Stundengebet erlaubte, unmittelbar am biblischen Geschehen teilzunehmen, wird besonders zu Ostern deutlich, wenn Christus mit dem Sonntag gleichgesetzt wird, dessen Verlauf man von Stunde zu Stunde verfolgt, von der Auferstehung bei

Sonnenaufgang bis zum Abend, an dem mit den Emmaus-Jüngern Christus zum Bleiben aufgefordert wird.

Das Kirchenjahr ist so strukturiert, dass es die Heilsgeschichte wiederholt, die die Nonnen mit der Liturgie hörbar und erlebbar machten. Dadurch ordneten sie sich dem Geschehen, das Zeit und Raum umfasste, gleichzeitig selbst zu. Da ihnen Pilgerreisen aufgrund der Klausur untersagt waren, visualisierten sie Rom oder Jerusalem als geistige Pilgerfahrt im eigenen Kreuzgang und in der Kirche. Entwürfe wie die Ebstorfer Weltkarte (Tafel 1) materialisierten die gedachte Ordnung von Zeit und Raum. Das Stundengebet wurde von den Nonnen in Eigenregie abgehalten, wobei die Psalmen im Wechselgesang der beiden Seiten des Chorgestühls, angeführt von der Vorsängerin und ihrer Stellvertreterin, gesungen wurden. Das Hochamt und die Festtagsmessen waren hingegen öffentliche Angelegenheiten, zu denen, wenn die Klosterkirche auch die Pfarrkirche war, die Ortsgemeinde in die Klosterkirche kam, wo die Nonnen das Geschehen am Hochaltar im Osten von ihrer Empore im Westen aus akustisch verfolgen konnten. In Kloster Lüne hängt weiterhin über dem Nonnenchor eine Leuchterkrone mit einer Strahlenkranzmadonna, die zwei Gesichter hat: eins schaut aus der Nähe auf die Nonnen herunter, das andere war aus der Ferne für den Klerus im Ostchor sichtbar. In manchen Frauenklosterkirchen gab es ein Heiliges Grab, oder der Altar wurde zum Grab Christi, sodass man die Ostergeschichte nachspielen und sich dem Grab mit den drei Marien nähern konnte und, während der Gesang über den Abstieg Christi in die Vorhölle zur Befreiung der Vorväter von den Priestern gesungen wurde, quasi mit der Liturgie das Geschehen nachempfinden und die Ankunft Christi verfolgen konnte. Zu Weihnachten war der Altar dann die Krippe, von der der Priester die Hostie, die das Christkind repräsentierte, hochheben konnte (Kapitel IV.2).

Zusätzlich zu der Tageseinteilung und der Kirchenjahrstruktur kamen noch besondere Festtage, vor allem die Heiligenfeste. Jeder *Psalter, die grundlegende Handschrift mit den Psalmen, die die Nonnen täglich nutzten, fängt mit einem Kalender an, in dem in Schwarz und Rot Feste und Gedenktage eingetragen sind, sowohl die des Klosters allgemein wie die der individuellen Schreiberin oder Benutzerin. Jedes Frauenkloster hatte seinen eigenen Heiligenhimmel, der bestimmte, welche Feste besonders herausgehoben wurden – der englische Ausdruck eines »red letter day« für ein solches besonderes Ereignis kommt von der mittelalterlichen Praxis, in Handschriften besonders wichtige Feste in Rot einzutragen.

Neben den Heiligentagen, an denen etwa die Schutzpatrone des Klosters gefeiert wurden, gab es zahlreiche persönliche Feier- und Gedenktage. Verbreitet war im Spätmittelalter die Zuweisung eines Apostels, der wie der Schutzengel persönlich über die ihm Anbefohlenen wachte. Diesen »Eigenapostel«, der für den Schutz einer individuellen Nonne und für deren Verehrung sie besonders an seinem Festtag zuständig war, vermerken die Handschriften auch gelegentlich. Wichtiger aber war noch, genau festzuhalten, wann wer gestorben war, um in Gebeten und Messen an die Betreffenden zu denken. Die Gemeinschaft der Lebenden und der Toten überschritt die Zeitgrenzen durch die *memoria*, eine aktive Form der Erinnerung, durch die sich die lebenden und verstorbenen Konventsmitglieder über die Jahrhunderte vereinten.

3. Die Ebstorfer Weltkarte

Die Ebstorfer Weltkarte (Tafel 1) ist ein Beispiel für den Makro- und Mikrokosmos des Klosters und seine positiv besetzte Klausur. Und mit Nonnen hat sie mehr zu tun, als man denkt: Es handelt sich um eine Radkarte, die im 14. Jahrhundert im Benediktinerinnenkloster Ebstorf entstand. Sie verbrannte im Zweiten Weltkrieg in Hannover, sodass heute nur noch Nachbildungen auf der Basis früherer Bilder existieren.

Eine Weltkarte aus dem Mittelalter

Ursprünglich bestand die Ebstorfer Weltkarte aus 30 Ziegenhautpergamentblättern, in die ein Kreis von 3,5 Metern Durchmesser gezeichnet war, eine sogenannte Radkarte, wie am linken oberen Rand vermerkt wird: »Der Erdkreis (*orbis*) heißt nach der Rundung des Kreises, weil er wie ein Rad ist. Ringsum fließt kreisförmig der Ozean. Die Erdoberfläche ist in drei Teile unterteilt, nämlich in Asien, Europa und Afrika. Asien allein umfasst die eine Hälfte der Erde, Europa und Afrika zusammen nehmen die andere Hälfte ein und sind durch das Mittelländische Meer unterteilt. Asien hat seinen Namen von einer Frau, die vorzeiten den Osten beherrschte. Es ist von drei Seiten her so angelegt: Im Osten wird es durch den Aufgang der Sonne, im Süden durch den Ozean, im Westen durchs Mittelmeer begrenzt, im Norden durch den Maeotidischen See oder Sumpf und den Tanais abgeriegelt. Zu Asien gehört eine Vielzahl von

Provinzen, Regionen und Inseln. Europa ist nach der Tochter des Königs Agenor genannt, Afrika nach einem Nachfahren Abrahams und Cethuras, der Afer hieß. Es gibt dort Länder, Inseln und Provinzen. Einige wenige von deren Namen und deren Lage wirst du auf der Kartenzeichnung finden, wenn du näher hinschaust.« Und rechts oben wird der mehrfache Nutzen einer solchen Karte erläutert, deren Ursprünge in die Antike verlegt werden: »Mappa heißt Abbild, daher Mappa mundi so viel wie Abbild der Welt. Dieses hat zuerst Julius Caesar erarbeitet mithilfe von Kundschaftern, die er über die ganze Erde aussandte. Regionen, Provinzen, Inseln, Städte, Küsten, Sümpfe, Meeresflächen, Gebirge, Flüsse: alles hat er zu einer Gesamtübersicht auf einem Blatt zusammengestellt. Den Betrachtern bringt das einen nicht geringen Nutzen, den Reisenden gibt es die Richtung und das Interesse, die Dinge an den Wegen in höchst angenehmer Betrachtung zu erschauen.« Anders als die meisten heutigen Karten ist die Ebstorfer Weltkarte nicht genordet, sondern geostet. Die obere Hälfte bildet Asien, das linke untere Viertel Europa und das rechte untere Viertel Afrika. Wie das Kloster ist auch die bewohnte Welt doppelt umfangen: geografisch vom Wasser, dem Weltenmeer und geistlich von Christus, dessen Kopf am Ostende die Karte »orientiert« und der die Nord-Süd-Achse mit seinen Händen markiert; seine Füße schauen am unteren Westende heraus. Die zweidimensionale Radgestalt gilt nur für die Erdoberfläche; dass die Welt eine Kugel ist, war seit der Antike und im ganzen Mittelalter bekannt, wie es auch die Form der Erdkugel in der Hand Christi auf zahlreichen Darstellungen zeigt.

In der Radnabe liegt Jerusalem, um das sich buchstäblich alles dreht. Eine quadratische goldene Mauer mit zwölf Türmen umschließt die Szene der Auferstehung Jesu, bei der er so aus dem Grab steigt, wie es auch in vielen Kunstwerken, zum Beispiel auf dem Nonnenchor in Wienhausen, dargestellt ist. Die Stadt ist also zugleich das biblische Jerusalem, in dem Christus gekreuzigt wurde und auferstand, das zeitgenössische Jerusalem, zu dem die Wallfahrten und Kreuzzüge aufbrachen, und das himmlische Jerusalem, in das einzuziehen den klugen Jungfrauen als goldene Verheißung am Ende der Zeiten versprochen ist. Hier überschneiden sich Raum- und Zeitstrukturen, die lange erinnerte Geschichte ist als Welt- und Heilsgeschichte im Bild gefasst, in das sich die Nonnen selbst einordnen, weil sie zur Errettung der Welt durch ihre Lebensweise beitragen. Auf der Karte sind Adam und Eva im irdischen Paradies direkt neben dem Gesicht Christi, Alexander der Große ist auf seiner Reise nach Indien weit links oben dargestellt und die Wundermenschen des fernen Südens sind am rechten Rand, mit den Füßen Richtung Weltmeer, vertreten. Am linken unteren Rand der Welt jedoch, ungefähr auf der Höhe von Christi rechtem Schienbein, schreiben die Ebstorfer Nonnen sich selbst in die Karte ein.

Ebstorf und seine Umgebung

Norddeutschland (Tafel 2) besteht in der Darstellung der Karte aus einer Abfolge von Architektursymbolen, die von Gewässern eher verbunden als getrennt werden – der Transport auf den Flüssen Elbe und Ilmenau und dann weiter über Nord- und Ostsee in das Handelsnetz der Hanse war das wichtigste Fernverkehrssystem Norddeutschlands im Spätmittelalter. Groß herausgehoben sind die Städte Braunschweig und Lüneburg (Abbildung 2). Braunschweig, der Bezugspunkt für die Nonnen von Heilig Kreuz, trägt wie auf der Stadtmauer als Helmzier den Welfenlöwen, der schon seit Heinrich dem Löwen im 12. Jahrhundert auf dem Burgplatz der Burg Dankwarderode stand. Lüneburg, die Stadt, die mit den Einkünften der Saline zum Wohlstand der Frauenklöster Lüne, Medingen, Wienhausen, Isenhagen, Walsrode und

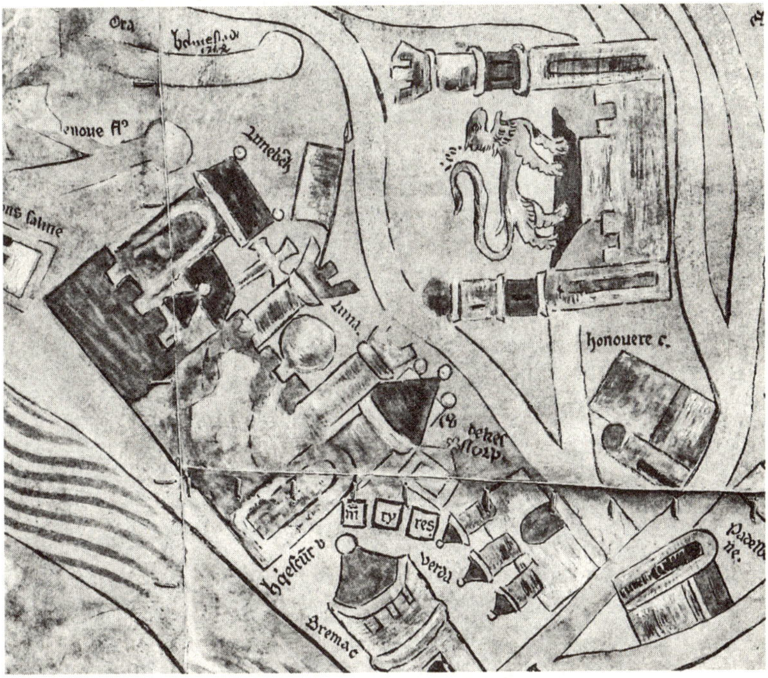

Abbildung 2: Ausschnitt der Ebstorfer Weltkarte mit Braunschweig, Lüneburg und dem Kloster Ebstorf

natürlich Ebstorf beitrug, ist erkennbar an dem runden Objekt mit der Beischrift *luna*: die Stadt führte ihren Namen auf die römische Mondgöttin Luna zurück. Ebenfalls sichtbar sind die Bischofssitze der Region: Bremen, Verden und Hildesheim, jeweils als Türme. Eingebettet in diese regionale Struktur von Herzogtümern, Städten und Diözesen findet sich als kleines Symbol das Kloster Ebstorf und direkt darunter drei rechteckige Felder: Es sind Märtyrergräber, deren Präsenz das Kloster zusätzlich zu einer heiligen Stätte machte.

Ein Weltbild als Karte

Die Weltkarte ist eine kombinierte Erzählung von Geschichte und Raum und in mehreren Dimensionen lesbar, sie lädt zum Studieren ebenso wie zum Staunen ein. So kommt es zu einer unterschiedlichen Erschließungsdichte und Schwerpunktsetzung für die verschiedenen Regionen. Lässt sich beispielsweise eine Reiseroute durch Franken mit den Kartenpunkten Nürnberg, Forchheim und Bamberg entlang der blauen Adern von Main und Regnitz konkret planen, haben die Weltränder eine ganz andere Funktion. Die mit anschaulichen Details gezeichneten Schattenfüßler, Zyklopen und kopflosen Tiermenschen im Süden am rechten Rand und Menschenfresser im Kaukasus sowie Alexander der Große auf der Reise nach Indien am Ende von Asien links oben sind einerseits fantasievolle Weltreise und Abenteuerroman, andererseits laden auch diese Bilder und Texte zum Staunen über die Vielfalt der Schöpfung Gottes ein, der alles nach Maß und Zahl geordnet hat.

Die Nonnen, die auf den Ziegenhäuten in Text und Bild Bemerkenswertes aus Geografie und Geschichte festhielten, erschlossen sich den Erdkreis aus Berichten, Enzyklopädien und Weltchroniken systematischer, als es selbst Kaufleuten oder Pilgern möglich war, die vielleicht bis zum Berg Ararat reisen konnten, aber mit der Augenzeugenschaft der physischen Umgebung weniger von der allegorisch-historischen Bedeutung des Orts wahrnehmen konnten als die Nonnen. Diese hatten ein ganz eigenes Verständnis von Raum und Zeit, wenn für sie die Arche Noah wichtiger als das tatsächliche Erscheinungsbild des Ortes war, da sie für den Bund Gottes mit den Menschen stand.

Den meisten Platz nehmen bei den Randbemerkungen exotische Tiere und deren Bedeutung ein: Löwen, Panther, Salamander, Scitalis-Schlangen, Hydra, Basilisk. Das war nicht der Fantasie entsprungen, sondern ging auf den wichtigsten Enzyklopädisten des Mittelalters zurück, Isidor von Sevilla (gestorben 636): »Wer mehr wissen wolle, der lese Isidor,« findet sich deshalb hier der Verweis. Die Tiere erweitern aber nicht nur den zoologischen Horizont, sondern sind bedeutungstragend und zeugen, wie die Beischriften zeigen, nicht zuletzt von der Bibelkenntnis der Nonnen: Das überdimensionierte Kamel ist so neben die Tore Jerusalems platziert, dass gleichzeitig der Bibelvers referenziert wird, dass eher ein Kamel durch ein Nadelöhr als ein Vermögender ins Himmelreich gehe (Matthäus 19,24; Markus 10,25; Lukas 18,25).

Im 15. Jahrhundert schreibt Erhart Groß eine Anleitung für die Dominikanerinnen von St. Katharina in Nürnberg, wie sie mithilfe einer Karte, eines Stechzirkels und des Vaterunsers im Geist nach Jerusalem reisen können, ohne die Zelle zu verlassen. Sie sollten auf der Karte die Entfernung mit Stechzirkel am Meilenmaßstab ablesen und pro Meile ein Vaterunser beten, dann würden sie, wenn sie sich bis Jerusalem gebetet hätten, die gleichen Ablässe erhalten, die für Pilger ausgesetzt waren. Die Ebstorfer Karte hat keinen exakten Meilenmaßstab, an dem sich die Entfernung nachmessen ließe, aber trotzdem kann sich die Betrachterin einen geistigen Pilgerweg suchen, bei dem sie an mehreren Symbolen verweilen kann, etwa bei den verschiedenen Heiligen, die in den Städten auf dem Weg bestattet sind und verehrt werden.

Selbst wenn bei manchen Karten mit Stechzirkel und anderen Instrumenten »vermessen« werden konnte: Anders als moderne Straßenkarten veraltet dieses Material nicht. In der Ebstorfer Karte holten sich die Nonnen die Welt ins Kloster in einer überzeitlichen Repräsentation, die ihre Gültigkeit behielt.

II. AUSBILDUNG

Die Nonnen durchliefen im Kloster eine anspruchsvolle mehrjährige Ausbildung, die das Lesen und Schreiben anhand des gelehrten Lateins, Theologie und Musik für den Chordienst, ökonomisches und organisatorisches Wissen zur Verwaltung ebenso wie Handarbeiten, Buchherstellung und -ausmalung umfasste. Aber der Unterricht diente als »Berufsvorbereitung«, und war auf ein tiefer gehendes Verständnis der eigenen Lebensform ausgerichtet. Wie das Beispiel der Ebstorfer Weltkarte zeigt, war Wissen vor allem auch geistlicher und geistiger Bedeutungsträger. Die allegorische Ausdeutung ihres Lebensraums und ihrer religiösen Aufgaben war ein wichtiger sinnstiftender Teil der Klosterschulausbildung. Die einzelnen Ausbildungsphasen waren verschränkt mit den verschiedenen Schritten des Klostereintritts auf dem Weg zu einer Chornonne mit Sitz und Stimme im Kapitel. Sie waren verbunden durch Übergangsrituale wie die Einkleidung, die Professablegung und die Nonnenkrönung, die den Bildungsverlauf zugleich strukturierten und motivierten.

1. Das Kloster als Schule

Bildungsreise ins Nachbarkloster

Zu Beginn des Jahres 1487 erhielten die Nonnen von Heilig Kreuz Besuch aus dem Zisterzienserinnenkloster Derneburg. Die Derneburger Äbtissin Sophie von Schulenburg war erkrankt und zu den Schwestern nach Heilig Kreuz gereist, um sich in der nahen Stadt Braunschweig leichter mit Medizin versorgen zu können. Der Gast aus Derneburg beeindruckte die Braunschweiger Zisterzienserinnen tief. Fast alle Nonnen, die jungen und die alten, besuchten Sophie von Schulenburg und genossen die Gespräche mit ihr, fasziniert von ihrer Bildung und Weisheit. Vor allem auf die jüngeren Nonnen machte die gelehrte Klostervorsteherin einen solchen Eindruck, dass einige von ihnen die eigene Äbtissin Elisabeth Pawel baten, für ein Jahr nach Derneburg gehen zu dürfen, um dort besser in Theologie und vor allem im Lateinischen unterrichtet zu werden.

Derneburg hatte im 15. Jahrhundert bereits eine bewegte Geschichte hinter sich. Gegen Ende des 14. Jahrhunderts war der ursprünglich als *Augustiner-Chorfrauenstift gegründete Konvent hier wie so viele andere Klöster verarmt, als nach der großen Pest 1348 nicht zuletzt aus Arbeitskräftemangel die alte Landwirtschaft nicht mehr genug Ertrag brachte. Diesen Krisen versuchte die spätmittelalterliche Klosterreform zu begegnen: mit einer höheren Disziplin in der Lebensführung und in der theologischen Ausbildung, aber vor allem auch mit einem Neuansatz in der Wirtschaftsführung. Eine funktionierende Wirtschaft war die Voraussetzung, damit der ganze Konvent von dem Grundbesitz und den übrigen Einnahmen über das Jahr versorgt werden konnte und die Frauen nicht gezwungen waren, in den Hungermonaten im Frühjahr oder bei Krankheit zu ihren Familien zurückzukehren. Als der Augustiner-Chorherr und Reformer Johannes Busch im Derneburger Konvent die *regulierte Lebensführung und eine strenge Klausur einführen wollte, widersetzten sich die Nonnen entschieden – nur knapp entging Johannes Busch einem »Mordanschlag«, als die Nonnen ihn in ihren Kellerräumen einsperrten. Jetzt war die Geduld des Hildesheimer Bischofs mit den Derneburger Augustiner-Chorfrauen am Ende. Er ließ die widerspenstigen Frauen auf andere Klöster verteilen und besetzte Derneburg 1442 mit reformtreuen und hochgebildeten Zisterzienserinnen aus Wöltingerode.

Die Klostergemeinschaften, die die Reform angenommen hatten, bildeten gleichsam eine neue religiöse Bewegung, die sich nicht nur durch eine größere Disziplin, sondern vor allem auch durch eine neue, nach innen gerichtete Frömmigkeit auszeichnete (Kapitel IV). Die Reformnonnen und -mönche verstanden sich selbst wohl als eine geistliche Elite und knüpften untereinander eigene Netzwerke. Mit der Reform waren deshalb vielfach eine intensivierte Ausbildung des Nachwuchses, eine verbesserte Lateinbildung und der Neuaufbau von Klosterbibliotheken verbunden. Die Zisterzienserinnen von Heilig Kreuz hingegen waren dem »Zugriff« der Klosterreformer entgangen. Ihre Gemeinschaft stand deshalb etwas abseits von den großen Umwälzungen, vom Diskurs um die neuen Lebensformen und von den weitgespannten Literaturnetzwerken der Reformklöster. Nun aber, als die Derneburger Äbtissin Sophie von Schulenburg zu Besuch kam, wurden sie unvermittelt mit dem Ergebnis einer vertieften Ausbildung und eines verinnerlichten Verständnisses ihres geistlichen Lebens konfrontiert, das sie faszinierte. Sophie von Schulenburgs Kollegin, die Äbtissin von Heilig Kreuz, Elisabeth Pawel, sah in dem Wunsch der jüngeren Nonnen, nach Derneburg zu gehen, um die neue Lebensform besser kennenzulernen, deshalb eine große Chance. Obwohl im Konvent Bedenken laut wurden, es könnte dem Ruf von Heilig Kreuz schaden, übergab die Äbtissin zwei jüngere Nonnen ihres Konvents, eine von ihnen mit dem Namen Dorte Damman, in die Obhut der Derneburger Kollegin. Aber diese Entscheidung blieb umstritten.

Der Konvent reagierte auf die eigenmächtige Erlaubnis der Äbtissin ungehalten, weil Elisabeth Pawel vorher nicht den Rat der Ältesten und der Amtsschwestern eingeholt hatte. Das zeigt, in welch hohem Maße die Entscheidungsgewalt der Äbtissin durch interne Machtstrukturen eingehegt und sie darauf angewiesen war, Akzeptanz für ihre Entscheidungen im Konvent zu erreichen. Aber Elisabeth Pawel hatte ihre Erlaubnis nicht grundlos ohne Rücksprache gegeben, weil sie nämlich offenbar befürchtet hatte, dass die Amtsschwestern und Ältesten Bedenken haben würden, wenn sich herumsprach, in Heilig Kreuz werde »Nachhilfeunterricht« benötigt. Der gute Ruf eines Klosters war ganz entscheidend, nicht zuletzt für das ökonomische Überleben einer Gemeinschaft. Davon hing ab, wie sehr die Familien geneigt waren, hier Stiftungen zu tätigen, das Kloster als ihre Grablege auszuwählen und ihre Töchter in den Konvent zu geben.

Die eigenmächtige Entscheidung der Äbtissin Elisabeth Pawel hatte Folgen, es gab ein großes »Murren« im Konvent und eine Spaltung: Einigen gefiel ihr Handeln, anderen nicht. An dem Tag, als die beiden Mädchen das Heilig-Kreuz-Kloster in Richtung Derneburg verließen, kam die Äbtissin zum Kapitel und verkündete, wer weiterhin murren oder überhaupt etwas über diese Sache sagen würde, müsse sich zur Strafe im Kapitel vor den anderen zu Boden werfen und eine solche Buße leisten, dass die anderen Angst bekämen. Schließlich habe sie zum Besten der Gemeinschaft gehandelt. Damit hatte diese Angelegenheit ein vorläufiges Ende gefunden. Aber ein Jahr später, 1488, nach der Rückkehr der beiden Schwestern, flammte die Kontroverse noch einmal auf.

Bei der Rückkehr der beiden Nonnen aus Derneburg berief die Äbtissin die Ältesten und Ratgeberinnen ein, um mit ihnen zu beraten, wie man mit den zwölf Mädchen verfahren sollte, die nun alt genug waren, um die Klosterschule zu beginnen. Die erfahrenen Nonnen rieten einhellig, diese Mädchen in zwei Schulklassen aufzuteilen, damit sie besser betreut und intensiver unterrichtet werden könnten. Aber, wie die Tagebuchschreiberin zu ihrem Unmut bemerkt, richtete sich Äbtissin Elisabeth Pawel nicht nach ihrem Rat, sondern übergab alle Mädchen in die Obhut der Dorte Damman, die den intensiveren Derneburger Unterricht genossen und der Äbtissin vorgeschlagen hatte, dass sie, um ihre Erfahrungen weitergeben zu können, alle Mädchen zusammen unterrichten würde. Aber so einfach war eine neue Weichenstellung nicht zu erreichen. Auch wenn die Äbtissin Dorte

Damman die volle Erziehungsgewalt über die Mädchen verlieh, so zog sich doch als Reaktion darauf die **scholastica* des Konvents, also die bisherige *Lehrmeisterin, von allem zurück, weil sie die Härte des neuen Schulregiments nicht ertragen konnte. Wie der Ausgang der Sache zeigte, wäre es wohl besser gewesen, wenn man die Mädchen in zwei Klassen geteilt hätte, bemerkt die Tagebuchschreiberin. Denn vermutlich in dem sicheren Wissen, es besser und richtig zu machen, brachten Dorte Damman und die Mitschwester, die sie nach Derneburg begleitet hatte, durch ihre ungewohnte Strenge den Konvent gegen sich auf. Es kam so weit, dass die Äbtissin im täglichen Kapitel wiederum den Nonnen verbieten musste, den beiden vorzuwerfen, dass sie in Derneburg gewesen seien. Aufgrund der harten Bußstrafen, die sie androhte, so die Tagebuchschreiberin, »wagte jetzt niemand mehr, etwas zu sagen, weder etwas Gutes noch etwas Böses«. Der Versuch der Äbtissin, auf diesem gleichsam informellen Weg über die Erziehung der nächsten Generation die Kluft zwischen den Reformklöstern und dem Leben in Heilig Kreuz etwas zu verringern, war gescheitert.

Was hatte es also mit dem Unterricht in den Reformklöstern auf sich? Den Reformern, den Bischöfen und Äbten der *Bursfelder Reformkongregation, war es sehr wichtig, dass die Nonnen ausreichende Lateinkenntnisse besaßen, um die lateinische Liturgie gut zu verstehen und um selbstständig die theologische Reformliteratur lesen zu können. Es war ihnen sogar so wichtig, dass sie den Frauen nahelegten, einen Lateinlehrer diese Aufgabe bei den Klosterschülerinnen übernehmen zu lassen, für den Fall, dass im eigenen Konvent nicht ausreichend Kompetenz zur Verfügung stand und sie geeignetes Lehrpersonal aus den eigenen Reihen nicht zu stellen vermochten – so wie es auch in Heilig Kreuz der Fall gewesen war.

Das Ergebnis dieser Bildungsanstrengungen konnte sich sehen lassen. Im reformierten Augustiner-Chorfrauenstift Marienberg bei Helmstedt hätten die Mädchen und Nonnen unter der Lehrmeisterin Tecla im Gesang und in den gelehrten Wissenschaften so gute Fortschritte gemacht, dass sie die Heilige Schrift auszulegen wüssten und Briefe oder Nachrichten meisterlich zu verfassen verstünden, schreibt Johannes Busch anerkennend. Er bezeugt seine Einschätzung mit den Worten: »wie ich es selbst gesehen und geprüft habe und es aus den beigefügten Briefen ersichtlich wird«. Auch in Marienberg war man auf Unterstützung von außen angewiesen. Die *magistra* Tecla war eigens für die Unterweisung der Schülerinnen für einige Zeit nach Marienberg gekommen, vermochte dort aber offenbar besser mit der Situation umzugehen als Dorte Damman im Heilig-Kreuz-Kloster, denn die Briefe zeigen die Begeisterung ihrer damaligen Schülerinnen, die sie nach ihrem Weggang offensichtlich sehr vermissten.

Schulunterricht in Ebstorf

Die Begeisterung für ihre Lehrmeisterin teilten die Marienberger Nonnen mit den Klosterschülerinnen von Ebstorf. Die Ebstorfer Mädchen schrieben Ende des 15. Jahrhunderts für den Schulunterricht zahllose Aufsätze und Texte, die einen lebendigen und eindrücklichen

Eindruck ihres Schulalltags geben. Hier wird das Charisma deutlich, das auch die damalige Magistra in Ebstorf auszeichnete, aber es war nicht nur die Lehrbegabung, sondern auch die sorgfältige und verständliche Erklärung der lateinischen Grammatik, die die Schülerinnen beeindruckte und begeisterte, weil sie die Inhalte, den Sinn der liturgischen Gesänge und lateinischen Gebete plötzlich wirklich verstanden: »Den ganzen Text der Benediktsregel hat sie mit uns Wort für Wort konstruiert, jeden Vers zunächst Wort für Wort und dann nach dem Schriftsinn erklärt. O, welch ein Genuss ist es, im Gottesdienst die heiligen Lesungen zu hören und zu lesen, die Worte der heiligen Väter sowohl des Alten als auch des Neuen Testaments, und sie zu verstehen – und im Gegenteil, wie langweilig und ermüdend ist es, im Chor zu stehen, zu lesen und zu singen und nichts zu verstehen!«

Die Aufzeichnungen der Klosterschülerinnen von Ebstorf erzählen vom (schlechten) Essen, Backen, Färben, vom Bad, der Kälte, der Kontemplation, der Messe – und vielleicht am ausführlichsten von der Schule. Neben den vielen begeisterten Beschreibungen lassen sie auch die Schulwirklichkeit erkennen, die besonders im Winter oft hart sein konnte. Eine der Schülerinnen beginnt ihre Erzählung ganz prosaisch mit der kaum erträglichen Winterkälte. Der ungeheure Frost verurteile sie zum Nichtstun, denn die Hände seien steif gefroren und ebenso die Tinte, die kaum auf dem Ofen flüssig werden wolle. Von dem Rest eines Wollstoffs, den die Eltern auf dem Markt für sie für einen Mantel gekauft hätten, meinte sie, sich noch Handschuhe nähen zu können. Zwar hatte die Magistra mit Holzläden in der Schule gegen Schnee und Regen vorgesorgt, doch sei die Wärmestube jetzt entweder dunkel oder es regne hinein. Im letzten Jahr, schreibt sie, sei es besonders unangenehm in der Schule gewesen, denn die Fenster seien überall zerbrochen gewesen. Aber die Magistra hätte dann für die Schule neue Glasfenster mit schönen Bildern beschafft, die ihre Verwandten auf ihre Bitte hin dem Konvent geschenkt hätten.

Die ehrgeizigen Erziehungs- und Bildungsziele der Reformbewegung hatten aber auch ihre Schattenseiten. Vor allem die tagebuchartigen Notizen auf den letzten Seiten des gemeinsam geführten Schülerinnenheftes vermitteln eine Ahnung von dem Schulalltag – und vielleicht von der Kehrseite (allgemeiner) umtriebiger Wissenslust der Mädchen. Es wirkt, als hätte diese Klosterschülerin ihrem Ärger, aber auch ihrer Verachtung Luft gemacht: »Weshalb beneidest du mich, dass ich gut lerne? Beharrliche Wiederholung des Lesens pflanzte in mir das Wissen. Ich verwende meine reichliche natürliche Begabung eben nützlich. Wer von fähiger Begabung ist, nimmt die Belehrung leicht auf. Du hast ein schlechtes Gedächtnis, deine Hohlheit erlaubt dir nicht, dich der Literatur wirklich hinzugeben. Du deklinierst so langsam, wenn du in der Grammatik unterrichtet wirst, durch die grauenhaften Schläge der Ruten wirst du durch die ganze Schulzeit geprügelt. Du wirst für alle ein Witz, wenn du nicht perfekt sprichst!« Bei aller Mühe, die für die Erziehung zu einem gemeinsamen, von gegenseitiger *caritas* und *devotio* geprägten Konventsleben aufgewendet wurde, konnte es wohl nirgends ganz ohne Spannungen innerhalb der Gemeinschaft zugehen.

2. Das Kloster als Bildungsraum

Klostereintritt und Klosterschule

»Wann auch immer in den Klöstern die Unterweisung gelehrten Wissens abnimmt, wird ganz sicher die Wirkung des religiösen Lebens zugrunde gerichtet«, hielt eine junge Ebstorfer Nonne Ende des 15. Jahrhunderts in ihrem Notizbuch fest und griff damit vermutlich eines der lateinischen Sprichwörter auf, wie sie in der Klosterschule gelehrt wurden. Während die ältere Forschung das religiöse Leben der Frauen für intellektuell anspruchslos hielt, weiß man heute, dass die Bewältigung des Gemeinschaftslebens der Frauen in strenger Klausur sehr anspruchsvoll war, die Beherrschung des gelehrten Lateins für den Chordienst eine tiefreichende theologische Durchdringung der eigenen Aufgaben und ökonomisches Wissen für die Verwaltung der Klostergüter erforderte. Das Verständnis der lateinischen Liturgie und eine damit verbundene Einsicht für die eigenen Aufgaben und die innere Ordnung des Klosterlebens waren von nicht zu unterschätzender Bedeutung. Die Frauen brauchten dafür eine profunde Ausbildung, die sie nur im Kloster oder durch Privatunterricht bei der Familie erwerben konnten, da ihnen die Lateinschulen und Universitäten bis weit in die Neuzeit verschlossen blieben. Das gelehrte Wissen musste also im Konvent von Generation zu Generation weitergegeben werden. Die Ausbildung in der Klosterschule war für die Mädchen und Frauen deshalb sehr attraktiv, immer wieder versuchten die Familien, auch ihre für die »Welt«, also für eine Heirat, bestimmten Töchter in der Klosterschule ausbilden zu lassen. Die Nonnen hingegen lehnten einen gemeinsamen Unterricht mit Mädchen, die später heiraten sollten, ab, weil dadurch die Weltabgewandtheit der Klosterbewohnerinnen gestört und ganz konkret die Einhaltung der strengen Klausur erschwert wurde.

Das Problem wird deutlich, wenn Herzogin Mechthild von Braunschweig-Lüneburg – eine Verwandte von Herzogin Agnes, der Stifterin des Zisterzienserinnenklosters Wienhausen –, urkundlich festhalten ließ, dass in Wienhausen dem Brauch gemäß nur Mädchen eine Heimat finden sollten, die später die Profess ablegten. Eine Aufnahme von Klosterschülerinnen auf Zeit nur zur Erziehung oder Ausbildung sollte nicht erlaubt sein. Eine Ausnahme freilich, so wollte es Mechthild von Braunschweig-Lüneburg, sollte für die Töchter der Herzogsfamilie als ein besonderes Vorrecht der Stifterfamilie gemacht werden. Sowohl den Konventen als auch den Familien kam eine frühe Aufnahme der Mädchen entgegen, damit sie mit sechs oder sieben Jahren, also im lernfähigen Alter, die Klosterschule besuchen konnten. Aber während die Klostergemeinschaften sich wünschten, dass die Mädchen die Entscheidung für ein religiöses Leben möglichst selbstständig trafen, hatten die Familien wiederum ein Interesse an einer frühen verbindlichen Entscheidung über den zukünftigen Stand ihrer Töchter – sei er geistlich oder weltlich.

Aber wann und wie kam man in das Kloster? Tilburg Remstede war neun Jahre alt, als sie am 10. Januar 1482 feierlich im Benediktinerinnenkloster Lüne aufgenommen wurde. Tilburg war eines der bereits älteren Mädchen. Katharina Semmelbecker war gerade vier Jahre geworden, als sie am 1. Mai 1487, am Tag der Apostel Philippus und Jakobus, nach Lüne kam. Katharina traf hier auf ihre leibliche Schwester Elisabeth, die bereits seit einem Jahr im Kloster lebte. Das Alter der Mädchen und den Tag ihrer Aufnahme notierten die Amtsfrauen in Lüne sorgfältig, ebenso wie alle weiteren Schritte und Riten, die mit dem Klostereintritt der einzelnen Mädchen verbunden waren. Die Aufnahmeschritte nahmen nicht selten bis zu zehn Jahre in Anspruch und waren sowohl für die Mädchen und die Gemeinschaft als auch für die Familien sehr bedeutsam. Am Anfang stand die feierliche Aufnahme, es folgten die Einkleidung und frühestens ein Jahr danach die Profess. Vor der Ablegung der Profess lag in der Regel noch die Entlassung aus der Klosterschule. Den Abschluss und in gewisser Hinsicht den Höhepunkt der Aufnahmeriten bildete schließlich die als Nonnenkrönung gefeierte sogenannte »Jungfrauenweihe«.

Das religiöse Leben als Alternative zur Ehe war für die Frauen und ihre Familien hochattraktiv. Die Nonnen genossen als »Bräute des höchsten Königs Christus«, deren geistliche Hochzeit mit dem himmlischen Bräutigam bei der Zeremonie der Nonnenkrönung gefeiert wurde, großes Ansehen in der spätmittelalterlichen Gesellschaft. Die Aufnahme in einen Konvent ermöglichte den Mädchen den Zugang zu gelehrter Bildung und eine Karriere in verantwortungsvollen Leitungsämtern, denn sie standen nicht selten Gemeinschaften von 60 bis 80 Nonnen, zahlreichen Laienschwestern und einem umfangreichen Gesinde vor. Die Frauen verantworteten die Verwaltung ausgedehnter Ländereien der dem Kloster unterstellten Pfarrkirchen und Einkünfte wie denen aus den Salinen. Kölner Testamenten zufolge wurden bis zur Mitte des 14. Jahrhunderts, also bis zum Bevölkerungsrückgang aufgrund der Pest, die Hälfte der Kinder für ein geistliches Leben bestimmt. Noch um die Wende zum 16. Jahrhundert traten aus der angesehenen Nürnberger Patrizierfamilie Pirckheimer sechs Schwestern des Humanisten Willibald Pirckheimer und drei seiner insgesamt fünf Töchter ins Kloster ein. Nur Willibalds Schwester Juliane ging eine Ehe ein. Die Frauengemeinschaften konnten sich im Spätmittelalter ihre zukünftigen Konventsmitglieder durchaus aussuchen. Die Reformstatuten für das Benediktinerinnenkloster Lüne vom Ende des 15. Jahrhunderts sahen vor, dass, wenn die Eltern um Aufnahme eines Kindes in einen Konvent baten, ihrer wiederholten Bitte nachgegeben werden sollte, sofern man den Stand und den Leumund des Mädchens und der Familie sorgfältig geprüft hatte. Wenn Propst und Konvent ihrer Aufnahme zustimmten, sollte mindestens ein halbes Jahr bis zur feierlichen Einführung (*introductio*) vergehen. Bei der ersten Präsentation sollte der Propst das Kind selbst befragen, ob es aus freiem Willen ins Kloster eintreten und dort bleiben wolle. Es erhielt dann eine schwarze Tunika, einen langen Schleier und als weitere Kopfbedeckung vor allem eine sogenannte *Nonnenkrone, die aus zwei Finger breiten, weißen, über dem Scheitel gekreuzten Stoffstreifen bestand. Die neue Kleidung verwies nur symbolisch auf die Bestimmung des Mädchens für ein religiöses Leben, denn noch war es nicht in den geistlichen Stand übergetreten.

Da die Mitgift für eine standesgemäße Hochzeit sehr kostspielig war, versuchten die Eltern im Sinne einer erfolgreichen Familienpolitik, die Heiratserlaubnis der

Mädchen zu begrenzen. Die entsprechenden Regelungen für die nächste Generation trafen adelige und patrizische Kreise in der Regel am Ende der **pueritia*, wenn die Kinder sechs oder sieben Jahre alt waren – ehe sie nämlich zur Ausbildung in benachbarte Städte an Verwandte oder Freunde, an andere Höfe, in Klöster oder Stifte übergeben wurden. Mit der Vollendung des zwölften Lebensjahres wurden die Mädchen volljährig und konnten auch ohne Einwilligung der Eltern eine Ehe eingehen. Auf die Bedürfnisse der Laiengesellschaft nahmen selbst die überzeugten Klosterreformer des 15. Jahrhunderts Rücksicht, wenn die Reformstatuten des Benediktinerinnenklosters Lüne das Mindestalter für die Aufnahme im Kloster auf das fünfte und als Höchstalter das vollendete zwölfte

Abbildung 3: Der *Laienbruder Johannes holt vier Nonnen im Wagen aus Kloster Wolmirstedt ab.

Lebensjahr festlegten. Die Lüner Benediktinerinnen befolgten im Allgemeinen regeltreu ihre Statuten. In einigen Fällen jedoch, in denen wie hier ein verwandtschaftliches Verhältnis zum Propst Johannes Lorber (1506–1529) vermutet werden kann, nahmen sie auch jüngere Mädchen auf. So kam am 25. Juli 1518 »Schwester Cecilia Lorber im vierten Lebensjahr in dieses Kloster, am Tag der heiligen Jungfrau Gertrud. Wir holten sie in einem Wägelchen, und sie blieb hier bei uns.«

Ein gültiges Professgelübde konnten die Mädchen selbst erst mit dem Erreichen der Volljährigkeit ablegen. Dann allerdings – sozusagen als Alternative, die viele Väter und Mütter nicht im Sinn gehabt haben dürften – konnten sie eben auch eine Ehe gegen den Willen der Eltern eingehen. Wenn man die Mädchen vorher an ein religiöses Leben binden wollte, sah das Kirchenrecht für einen Klostereintritt im minderjährigen Alter prinzipiell zwei Möglichkeiten vor: die *Oblation und die »stillschweigende Profess«. Bei der Oblation leisteten die Eltern rechtlich bindend das Gelübde für ihr minderjähriges Kind, indem sie es an den Altar der betreffenden geistlichen Gemeinschaft schenkten – beziehungsweise es »opferten«. Mit dem Oblationsgelübde der Eltern war das Kind in den geistlichen Stand übergetreten, wobei diese Entscheidung im Prinzip keiner weiteren Bestätigung durch die Heranwachsenden bedurfte. Die »stillschweigende Profess« wurde in der Regel als Übergabe des *Habits vollzogen und wird in den Quellen deshalb »Einkleidung« genannt. Die Einkleidung entsprach ebenfalls dem Übertritt in den geistlichen Stand – allerdings mit dem Vorbehalt, dass sie später, im Alter der Volljährigkeit, bestätigt werden musste. Formulierungen wie »Gott geweihte Jungfrauen« (*virgines deo sacratae*) sind deshalb keine vagen Beschreibungen, sondern klare Rechtstermini, die den vollzogenen Übertritt der Betreffenden in den geistlichen Stand als Chornonne bezeichnen.

Während die Oblation im Zisterzienserinnenkloster Wienhausen durchaus üblich war, lehnten die Benediktinerinnen in Lüne nach der Klosterreform des 15. Jahrhunderts diesen Eintrittsweg ab und bevorzugten die Einkleidung. Zur Vorbereitung der Einkleidungsfeierlichkeiten hielt der Propst im Kapitel eine Ansprache an die Mädchen über die Strenge der Regel, die »immerwährende Klausur«, den Verzicht auf Privateigentum, die Verachtung alles Weltlichen, die vollständige Trennung von den Eltern – das »Vergessen« – und die Aufgabe des eigenen Willens. Die Einkleidung an sich war in eine Messfeier eingebunden, zu der die Eltern und Verwandten der Mädchen den Nonnenchor betreten durften. Während die Familie und die Mädchen in der Mitte des Nonnenchores saßen, folgte der Konvent vom Chorgestühl aus der Zeremonie. Die Nonnenkronen, die die Mädchen seit ihrer Aufnahme getragen hatten, wurden ihnen jetzt abgenommen und vor der Figur des Klosterpatrons Bartholomäus niedergelegt, wo sie bis zur Nonnenkrönung verwahrt wurden.

Mechthild von Eltzen, die 1506 im Alter von sechs Jahren nach Lüne gekommen war, feierte bereits zwei Jahre später ihre Einkleidung. Die Lüner Priorin Mechthild Wilde führte das Mädchen dabei vor die Stufen des Altars, wo der Propst sie in Empfang nahm. Er nahm ihr die Nonnenkrone (*vitta*) und das Obergewand (*toga*) ab, während er vom Ablegen des »alten Menschen« (*exuat te dominus*) sprach und den Novizinnenhabit weihte.

Mit dem in Latein gesprochenen Vers »Der Herr kleidet dich an« legte ihr der Propst Obergewand und Kordel wieder um. Schließlich ergriff er ein Tuch, bedeckte damit ihren Kopf und schnitt der Novizin die Haare ab. Diese zu Zöpfen geflochtenen Haare hatten die Scholaren von Heilig Kreuz bei Braunschweig entdeckt, als sie während des Exils der Nonnen im leeren Kloster nach brauchbaren Gegenständen suchten. Anschließend feierten alle zusammen ein Festmahl, und Mechthild und die anderen Mädchen erhielten kleinere oder größere Geschenke. Die Mutter der Adelheid Stüver schenkte ihrer Tochter zu diesem Anlass eine silberne Statue der Heiligen Aldegunde, an deren Festtag sie geboren war, eine andere Mutter übergab ihrer Tochter die silberne Figur der Heiligen Klara, andere schenkten silberne Löffel, eine Weinkanne oder Geld. Die feierliche Einkleidung im Rahmen einer Messe markierte in Lüne als »geistliche Hochzeit« den Übertritt in den geistlichen Stand und damit den endgültigen Abschied von den Eltern und insgesamt vom weltlichen Leben.

Entlassung aus der Klosterschule und Profess

Der Unterricht der Klosterschule war ganz auf die liturgischen Aufgaben und die Anforderungen des Lebens in strenger Klausur ausgerichtet. Mit fünf bis sieben Jahren war die Schulzeit für damalige Verhältnisse recht lang und anspruchsvoll. Magdalena Schneverding kam 1515 siebenjährig nach Lüne und wurde ein Jahr später in die Klosterschule aufgenommen, 1520 mit 12 Jahren eingekleidet und 1523 aus der Schule entlassen. Zu diesem

Zeitpunkt lebte sie also bereits seit acht Jahren in Lüne. Die feierliche Entlassung aus der Klosterschule fand dann im Kapitel in Anwesenheit des Konvents und des Propstes statt. Er entließ die Mädchen offiziell »vom schulischen Joch« (*a iugo scolasticali*). Die Ausbildung der Mädchen in der Klosterschule war für den Konvent von allergrößter Wichtigkeit. Hier wurden die Weichen für die Einstellung und die Fähigkeiten der nächsten Generation gestellt. Eine Zisterzienserin aus Wöltingerode notierte im 15. Jahrhundert auf einem freien Blatt eines Martyrologiums, eines Märtyrerverzeichnisses, in einer typischen Mischung von Niederdeutsch und Latein:

Salutis ad preludium	Ein Vorspiel des Heils
sit artis nobis studium:	sei uns das Studium der Künste:
wolan, die scryft vorstan!	auf, lasst uns die Schrift gut verstehen!
quo sine stat in ocio	Denn ohne das verharrt
claustralis – heu! – devocio:	die klösterliche Andacht im Müßiggang:
nicht lesen is ovel dan!	Nicht zu lesen ist übel gehandelt.

Die Pointe der Verse liegt in den niederdeutschen Zeilen, die nach jeweils einem lateinischen Verspaar folgen: *wolan, die scryft vorstan!* lässt sich als Literatur im Allgemeinen verstehen, aber gilt besonders der Heiligen Schrift. Wie auf der Universität das Studium der Philosophie in Form der sieben freien Künste (*artes*) den Zweck hat, auf die höheren Fakultäten einschließlich der Theologie vorzubereiten, ist auch für die Nonnen ein vertieftes Verständnis der Grundlagenwissenschaften notwendig, um das Klosterleben angemessen zu gestalten. Sonst droht die größte Sünde des Klosterlebens, der Müßiggang.

Die Nonnenkrönung

Die Nonnenkrönung bildete als sogenannte »Jungfrauenweihe« (*consecratio virginis*) den Höhepunkt und Abschluss der Aufnahmefeierlichkeiten der Nonnen. Nonnenkronen waren in den spätmittelalterlichen norddeutschen Frauenklöstern weit verbreitet, in Süddeutschland lassen sie sich dagegen nur vereinzelt nachweisen. Der Ritus der Nonnenkrönung rührte offensichtlich in seinen wesentlichen Bestandteilen aus dem spätantiken weltlichen Heiratszeremoniell her. Traditionell kam nur dem Bischof das Recht der Nonnenkrönung zu, weil sie die offizielle Anerkennung der Jungfräulichkeit durch die Kirche bedeutete. Durch die geweihte Nonnenkrone wurde die himmlische Krönung vorweggenommen, die den Jungfrauen nach dem Jüngsten Gericht als Lohn für ihre Unberührtheit zustand, die als unblutiges Martyrium verstanden wurde. Die Nonnenkronen bestanden aus weißen, kreuzförmig über den Kopf gelegten Streifen. An deren Stirnseiten und häufiger auch an allen vier Seiten sowie oben auf den Scheitelpunkt wurden Kreuze aus roter Seide aufgenäht, wie auf der Darstellung des Musikunterrichts aus Kloster Ebstorf (Tafel 10/11) deutlich sichtbar ist, wo die Orgelspielerin, die beiden sitzenden Frauen im Garten und (hier im Ausschnitt zu sehen) die Lehrmeisterin für das Notenlesen die Bänder mit den roten Kreuzen über ihren Schleiern tragen.

Ein Glücksfall der Überlieferung ist die Nonnenkrone auf Tafel 3. Sie wurde erst im Jahr 2000 von der Abegg-Stiftung auf dem Riggisberg bei Bern aus Privatbesitz angekauft. Bis dahin kannte man mittelalterliche Nonnenkronen nur aus schriftlichen Quellen oder von Abbildungen. Sie besteht aus weißen, kreuzförmig über den Kopf gelegten kostbaren Seidenbändern mit Goldborten, die an den Kreuzpunkten fünf Medaillons aufweisen: auf dem Scheitel einen roten Vierzack mit fünf goldenen Punkten, auf der Stirn ein Lamm Gottes (*agnus dei*), an den Seiten einen Cherub und einen Engel mit Lilienzepter sowie am Hinterkopf den alttestamentlichen König David in anbetender Haltung. Die hellen Seidenbänder wurden zur Stabilisierung Ende des 14. Jahrhunderts auf eine blaue Seidenkappe aufgenäht, zu der auch die roten Borten gehören. Die Stickereien und insbesondere die Medaillons der Nonnenkrone entsprechen dabei den Beschreibungen der berühmten Rupertsberger Nonnenkronen, die Hildegard von Bingen in dem Brief an Tengswich von Andernach (gestorben 1152/1153) und in ihrem Visionswerk *Scivias* (»Wisse die Wege«) beschreibt und die die Nonnen dort über dem offenen Haar trugen. Hildegard sieht in ihrer Vision einige der Nonnen mit einem goldenen Reif geschmückt, auf der Stirn mit einem Lamm, rechts mit einem Cherub, links mit einer Engelsgestalt, auf dem Scheitel mit dem Gleichnis (*similitudo*) der himmlischen Dreifaltigkeit und einem Menschen. Diese Nonnenkrone kommt der Beschreibung sehr nahe. In Hildegards Vision ist sie aber nicht mehr das haptische Objekt, sondern schon die himmlische Krone, die Christus seinen Bräuten, den Jungfrauen, im ewigen Leben aufsetzte, in Parallele zur Krönung Mariens als der ersten der Jungfrauen.

In Lüne wie in Ebstorf trugen die Mädchen etwas schlichtere Nonnenkronen, die anstelle der Medaillons mit roten Kreuzen als Symbole der Wundmale Christi geschmückt waren. Die ungeweihten Nonnenkronen

Abbildung 4: Benediktinerin mit Nonnenkrone (Ausschnitt aus Tafel 10/11)

wurden den Mädchen zunächst ohne die roten Seidenkreuze gegeben. Später überreichte ihnen die Äbtissin die roten Kreuze zu besonderen Anlässen als Geschenk. Sie wurden nachträglich auf die weißen Stoffstreifen aufgenäht. Bei der Nonnenkrönung weihte der Bischof die weißen Stoffbänder, die bei der Einkleidung beim Klosterpatron Bartholomäus als Zeichen ihres Versprechens zur Keuschheit hinterlegt worden waren, und legte sie den Mädchen in einem feierlichen Zeremoniell auf. Die liturgische Ausgestaltung der Feier orientierte sich an der Erzählung von den törichten und klugen Jungfrauen (Matthäus 25,1–10). In diesem biblischen Gleichnis geht es um die Wiederkunft Christi, deren Zeitpunkt unbekannt ist. Ihm gehen zehn Jungfrauen – allesamt Personifikationen der Braut – entgegen, indem sie ihre Lampen nehmen und sich auf den Weg machen. Die fünf törichten haben nur die Lampen dabei, die fünf klugen auch noch Öl. In der Nacht finden nur die klugen den Weg zu Jesus. Den klugen Jungfrauen sollten die zukünftigen Nonnen nacheifern. In der Feier wurde dies so inszeniert: Mit brennenden Kerzen in den Händen und unbedecktem Kopf kamen die Kandidatinnen dem Bischof durch den Nonnenchor entgegen. Dort erhielten sie die Krone, die ihre besondere Stellung als ›Braut Christi‹ in der Welt symbolisierte und auf ihre himmlische Krönung am Ende der Zeiten durch Christus nach dem Vorbild der Marienkrönung verwies.

3. Der Heininger Philosophenteppich

Die Nonnen insbesondere in Norddeutschland waren mit Latein und mit dem gelehrten Wissen ihrer Zeit gut vertraut. Sie konnten sich deshalb in der Regel selbstständig theologische, philosophische und viele andere Themen erschließen. Damit gehörten sie zu einer auch im Spätmittelalter noch kleinen Gruppe der Schriftkundigen. Aber wie nahmen die Nonnen selbst den Bildungskosmos wahr und wo verorteten sie sich darin?

Eine Bildungsdemonstration

Der »Philosophenteppich« aus dem Augustiner-Chorfrauenstift Heiningen (Tafel 4) ist eine Bildungsdemonstration der ganz besonderen Art: 1516 fertigten die Nonnen in Heiningen einen monumentalen Bildteppich, die Visualisierung eines Wissenskosmos, in den sich die Gemeinschaft – alle Nonnen, die Laienschwestern und die Klosterschülerinnen – einschrieb. Auf fast fünf mal fünf Metern dreht sich alles um eine Personifikation: Frau Philosophia. Viele Jahre muss die Herstellung eines so monumentalen Teppichs, von seinem Entwurf bis zur Umsetzung und dem detailreichen Sticken der Gestalten mit ihren Schriftbändern, gedauert haben.

Auch wenn der Teppich eine große Detailfreude erkennen lässt und die zahlreichen Spruchbänder zum Entdecken einladen, ist die Gesamtstruktur klar erkennbar. Die gekrönte Philosophia thront in der Mitte, in ihr ist alles Wissen versammelt. Zwei Kreise umschließen die überirdische Sphäre der Erkenntnis, deren Quelle die Philosophie im Zentrum ist. Während die Wissenschaften, die die immateriellen Wirkmächte im Kosmos und auf der Erde erklären, von Kleeblattbogen, die auf Säulen ruhen, überfangen werden, trennt eine quadratische Rahmung diese himmlische Sphäre göttlicher Erkenntnis vom menschlichen Wissen. Die irdische Bildung ruht auf vier Autoritäten als Fundament des Wissens: Ovid, Boethius, Horaz und Aristoteles. Diese hochgeachteten antiken Autoren galten als der Ursprung der Wissensdisziplinen. Rund 100 Jahre nachdem die Humanisten auf dem Konstanzer Konzil das heilige Römische Reich nördlich der Alpen mit ihrer an der Antike geschulten Bildung und Kultur tief beeindruckt hatten, hatte sich die Kultur der Renaissance auch in den norddeutschen Frauenklöstern durchgesetzt. Eloquent und belesen zitieren die Nonnen die *ars amatoria*, also die »Kunst des Liebens«, von Ovid: »Man soll die Künste pflegen in diesen Zeiten, in denen der Glaube mit dem Schicksal steht und fällt.« Ein weitsichtig gewähltes Zitat angesichts der wenige Jahre später veröffentlichten 95 Thesen Luthers. Trotz der Klausur waren die Nonnen in Heiningen offenbar gut damit vertraut, dass sich ein Wandel in der Gesellschaft ankündigte. Von Aristoteles wählten sie eine Mahnung aus, die sehr gut zu einer Gemeinschaft passt, die ein so großes Unterfangen wie diesen Teppich gemeinsam in Angriff nimmt: »Schlecht ist der Gefährte, der die gemeinsame Arbeit behindert.«

Weltwissen aus Frauenhand

Aber der »Philosophenteppich« ist keine rein abstrakte oder vorgefertigte Sicht auf den mittelalterlichen Wissenskosmos, sondern die Heininger Frauen (und Männer) haben sich selbst dort eingeordnet. Am Rand, im äußersten quadratischen Rahmen, nennt eine den ganzen Teppich umlaufende Inschrift die Priorin Elisabeth Terwins als die treibende Kraft. Der Teppich selbst »spricht«: »Im Jahr 1506 ließ mich die ehrenwerte Herrin Elisabeth Terwins herstellen durch die Gott geweihten Professnonnen, die Subpriorin Margareta Hornborch, die *Procuratrix Anna Lunemanns [...]« Es folgen die Namen der Amtsschwestern und der insgesamt 36 Chornonnen, der 6 Laienschwestern und der 4 Novizinnen des Konvents. Auch der Propst und die Priester werden angeführt. Dabei wird auf die Klosterstiftung und Reform Heiningens verwiesen, die als zweiter Gründungsakt die Blüte des Konvents um die Wende zum 16. Jahrhundert ermöglicht hatte. Es ist gleichzeitig eine Momentaufnahme des Klosters von Heiningen mit seinen Mitgliedern. Sie alle arbeiteten zusammen, um das Kloster mit der Reform des 15. Jahrhunderts nach einer Phase des Niedergangs wieder zu neuem Leben zu erwecken.

Die Wissenschaften und die christliche Ethik

Die gelehrten Wissenschaften und der Bildungskosmos sind von der Philosophie als der unbestrittenen »Kunst der Künste« (*ars artium*) her gedacht. Das Spruchband der Frau Philosophia erklärt, dass sie alles umfasst, was ein Mensch erkennen, und dass durch sie Theologie als höchste Form der Wissenschaft erreicht werden kann – wenn zu dem Wissen die Gnade der Erkenntnis hinzutritt. Das Wissen, das die Philosophie umfasst, ist nach einer Systematik Platons und Aristoteles' auf fünf Medaillons verteilt, die durch weibliche Personifikationen mit charakteristischen Gegenständen und Beischriften identifiziert werden: die »Physik« (Naturwissenschaft) mit einer Medizinbüchse, die »Mechanik« (angewandte Wissenschaft) mit einem Winkelmaß und die »Logik« (erklärt als »Wissen zum Disputieren«) mit einem Buch. Dazu kommen noch die »Praxis« (Moralphilosophie und

Abbildung 5: Die thronende Philosophie umgeben von den Wissenspersonifikationen (Ausschnitt aus Tafel 4)

Politik) und die »Theorie« (spekulative Philosophie und Erforschung der Wahrheit) mit einem Spiegel.

Im zweiten großen Ring befinden sich dann die sieben freien Künste, die *artes liberales*, personifiziert durch Frauen- und Männerfiguren: angefangen mit Grammatik, Rhetorik und Dialektik, den Grundlagen – das Trivium, wovon wir heute noch das Wort trivial ableiten. Darauf aufbauend wurde das Quadrivium gelehrt mit Musik, Geometrie, Astronomie und Astrologie. Aber die »freien Künste« stehen hier nicht allein und für sich, sondern sie werden begleitet und paarweise gehalten von den sieben Gaben des Heiligen Geistes. Dabei tragen die einzelnen Künste gereimte Merkverse, wie sie vermutlich in der Schule gelehrt wurden, während die sieben Gaben des Heiligen Geistes Zitate aus dem Alten Testament auf ihren Spruchbändern zeigen, die inhaltlich aber stets auf die Disziplin der freien Künste bezogen sind, an deren Seite sie stehen. Die Wissenschaften, die, wie die Nonnen nur zu gut wussten, sowohl zum Guten wie zum Schlechten verwandt werden können, sind in diesem Entwurf eines geordneten Bildungskosmos also jeweils eingehegt durch die christliche Ethik. So heißt es zur Grammatik, dass sie die Kunst des Schreibens und die Art des Sprechens lehre (*artem scribendi docet ista modumque loquendi*), an ihre Seite gestellt ist aber die Weisheit in Gestalt Salomons, die warnend zur Bescheidenheit aufruft und betont, alle Weisheit komme von Gott und sei bei ihm ewig. Grammatik war die Schlüsselqualifikation für alle im Kloster Ausgebildeten, die sich untereinander auf Latein unterhalten sollten und auch ihre Schriften in der gelehrten Sprache verfassten.

Von 1516 bis 1851 war der Teppich in Kloster Heiningen und überdauerte alle Reformen, die Reformation und Gegenreformationen bis zur Auflösung des Klosters. Wer die Botschaft entschlüsseln wollte, musste den Teppich umrunden, da die Figuren und Texte wie in den Achsen des Rads angeordnet sind. Wahrscheinlich wurde das Textil wie auch der Wienhäuser Tristan-Teppich (Tafel 6/7) an Festtagen im Kloster für hohen Besuch ausgelegt. Aufgrund der monumentalen Größe kamen dafür eigentlich nur die Klosterkirche oder der Nonnenchor infrage. Der »Philosophenteppich« muss der Gemeinschaft viel bedeutet haben, denn er wurde viele Jahrhunderte in Heiningen aufbewahrt. 1876 wurde er für das Victoria & Albert Museum in London angekauft, wo man vorbildhaftes Kunsthandwerk aus ganz Europa als Muster für angehende Handwerker versammeln wollte. Dort beeinflussten Stücke wie dieses die Arts-&-Crafts-Bewegung mit dem Mittelalter-Revival von William Morris und anderen Künstlern; die Memoria der Heininger Nonnen, ihrer Kunstfertigkeit und ihrer Namen setzte sich so unter anderen Vorzeichen bis in die Gegenwart fort.

III. DIE NONNEN, DIE FAMILIE UND DIE GESELLSCHAFT

Kloster und Welt waren auf vielfältige Weise miteinander verbunden. Mit dem Klostereintritt wechselten die Mädchen und Frauen auch in rechtlicher Hinsicht aus dem Familienverband in ihre neue Familie über, die Gemeinschaft der Chornonnen. War zuvor der Vater oder ein männlicher Verwandter der Vormund gewesen, übernahm diese Aufgabe nun der Propst des Klosters, der als »Brautführer« den Bräutigam der Nonnen vertrat, nämlich Christus. Die Familien blieben der Nonnengemeinschaft auf vielfältige Weise verbunden, sie feierten oft die großen Hochfeste im Kloster und pflegten dort ihre Familiengrablegen. Als hoch geachtete Alternative zur Heirat stellte das Kloster aber auch eine Art Sonder- oder Reflexionsraum dar, in dem geistliche und weltliche Lebensmodelle oder Vorbilder wie Elisabeth von Thüringen, die eben nicht in einen Konvent eingetreten war, sondern sich im aktiven Dienst am Nächsten der Krankenpflege verschrieben hatte, bewahrt, verhandelt und sinnstiftend durchdrungen werden konnten. Im Mittelalter wurden die Familien als eine Gemeinschaft ihrer in der Welt und im Kloster lebenden Mitglieder und als ein generationenübergreifender Verbund der Lebenden und Verstorbenen verstanden, derer die Nonnen mit ihren Gebeten gleichermaßen gedachten.

1. Der Platz im Leben

Die familiären Bande des Heilig-Kreuz-Klosters mit Braunschweig waren eng. Das lässt sich beispielsweise an der Familie van dem Kerkhove zeigen. Viele Frauen dieser Gewandschneiderfamilie, einer alten Patrizier- und Ratsfamilie, lebten über Generationen hinweg im Heilig-Kreuz-Kloster. Die Männer der Familie amtierten als *Prokuratoren, also als weltliche Fürsprecher der Frauengemeinschaft im Braunschweiger Stadtrat, und die van dem Kerkhoves besaßen ein Anrecht auf einen Platz ihrer Töchter im Kloster.

Das hinkende Mädchen

1483 kam die Braunschweiger Bürgerin Margarete van dem Kerkhove, eine Freundin des Konvents, zum Kloster und bat die Gemeinschaft, ihre Tochter aufzunehmen, die hinkte. Sie wollte allerdings nicht, dass die Tochter im Konvent als zukünftige Nonne aufgenommen würde, sondern zunächst nur, dass sie als Gast dort mit den übrigen Mädchen leben konnte. Die Tochter war sieben Jahre alt, als sie auf den Rennelberg zu den Zisterzienserinnen von Heilig Kreuz kam. Sie lebte bei den Nonnen, ohne durch Gelübde irgendeiner Art gebunden zu sein, wie die Tagebuchschreiberin hervorhebt. Sie trug ein weißes Habit, las die Stundengebete mit dem Konvent ebenso wie die Fürsprache für die Verstorbenen, zu denen der Konvent verpflichtet war. Manchmal lernte sie in der Schule mit den zukünftigen Chornonnen, an anderen Tagen arbeitete sie zusammen mit den Laienschwestern. Aber sie trug kein **scapular*, das dunkle Obergewand des Habits, über den Schultern und folgte auch nicht der Ordensregel – sie blieb ein Gast. Ihr unsicherer Status lag vor allem daran, dass die Familie die Tochter nicht als Laienschwester aufgenommen sehen wollte und der Konvent wegen ihres körperlichen Leidens nicht zustimmen wollte, dass man sie als Nonne aufnahm. Klosterfrau zu sein war eine Statusfrage.

Fast sieben Jahre vergingen, bis die Tochter aufgrund unglücklicher Umstände fast als Einzige ihrer Familie übrig geblieben war. Beide Eltern waren inzwischen gestorben, ebenso alle ihre Brüder und Schwestern. Die Verwandten des Mädchens rieten ihr in dieser Situation, dass sie die Äbtissin bitte, mit ihrer Erlaubnis in die Welt zurückkehren zu dürfen. Mechthild von Vechelde, Äbtissin des Heilig-Kreuz-Klosters, gab die Erlaubnis unter einer Bedingung, nämlich dass das Mädchen, das so lange bei den Nonnen gelebt hatte und für dieses Leben erzogen worden war, weiterhin keusch bleiben und nicht heiraten würde. Damit entließ die Äbtissin den vertrauten Gast, nachdem sie ihr vorher das Gewand auszog, das diese im Kloster getragen hatte. Freilich endete die Autorität der Äbtissin an den Klostermauern. Zurück in der Welt fühlte sich das Mädchen an kein Versprechen gebunden. Sie heiratete noch im selben Jahr und gebar im Folgenden einen Sohn, womit sie den Fortbestand der Familie sicherte. Die Tagebuchschreiberin kommentiert diesen Wortbruch nicht, sondern schließt die Erzählung mit den lapidaren Worten: »Darüber wollen wir jetzt nicht weiter im Einzelnen sprechen, sondern zu unseren eigenen Dingen zurückkehren.«

Das Aufnahmefest für die Weferlingen-Töchter

Das Kloster übte in mehrfacher Hinsicht eine wichtige Funktion für die Familien aus. Insbesondere für die Frauen und Töchter diente es als ein Sonder- und Schutzraum, der eine Alternative zur Heirat und nicht zuletzt einen Zugang zu gelehrtem Wissen ermöglichte. Durch dieses Aufeinanderbezogensein verbanden den Konvent und die Laienwelt enge Beziehungen, die bei Fragen der Aufnahme von zukünftigen Konventsmitgliedern akut wurden. Eines Tages, am Antoniustag, dem 17. Januar 1496, kam die Gemahlin des Ritters Ulrich von Weferlingen zum Kloster und brachte zwei Mädchen namens Katharina und Elisabeth. Die Adelsfamilie von Weferlingen war dem Kloster vermutlich seit der Gründung verbunden und pflegte ihre Familiengrabstätte im Kloster. Der Konvent nahm die beiden Mädchen gemäß einer früheren Absprache und dem Willen des Vaters in die Gemeinschaft unter der Bedingung auf, dass diese nach Ablauf einer Probezeit dem Klostereintritt selbst zustimmen würden.

Für das Kloster war es ein Balanceakt. Insbesondere für den Adel und das Patriziat war der Klostereintritt der Töchter ein wichtiges Instrument der Familienstrategie. Vor allem, wenn die Familien ein Anrecht auf eine *Präbende im Kloster hatten, war der finanzielle Aufwand gegenüber einer standesgemäßen Heirat um vieles geringer und betrug nur knapp ein Zehntel der Mitgift. Da bei einer Heirat das Familiengut in den Besitz der Familie des Ehemanns überging und als Witwengut der Versorgung der Tochter nach dem Tod des Mannes diente, konnten die Familien durch den Klostereintritt einer oder mehrerer Töchter der Zersplitterung ihres Besitzes vorbeugen. Für die Klostergemeinschaft hingegen war es entscheidend, dass die zukünftigen Nonnen ihre Entscheidung für ein geistliches Leben möglichst selbstständig getroffen hatten und der religiösen Lebensform positiv gegenüberstanden, damit das Gemeinschaftsleben nicht durch inneren Unwillen Schaden nahm.

Als das Probejahr Katharinas und Elisabeths von Weferlingen verstrichen war, weigerte sich die ältere der beiden Schwestern, das geistliche Gewand zu empfangen. »Wir ließen sie frei gehen«, nachdem die Äbtissin ihr das weiße Gewand als Versprechen auf ein religiöses Leben ausgezogen hatte, notiert die Tagebuchschreiberin. Das jüngere Mädchen hingegen wollte gerne im Heilig-Kreuz-Kloster bleiben und entschloss sich, Nonne zu werden. Inzwischen war die Mutter, die Gemahlin Ulrichs von Weferlingen, verwitwet. Sie hatte neben den beiden älteren Mädchen, die schon ein Jahr im Kloster verbracht hatten, noch drei weitere kleinere Töchter, von denen die jüngste namens Fia sich in den Kopf gesetzt hatte, den Platz einzunehmen, der durch den Austritt ihrer Schwester Katharina freigeworden war, um für den Vater zu beten und seiner Seele, die man wohl im Fegefeuer vermutete, gemäß ihren Möglichkeiten zu helfen. Fia überzeugte die Mutter durch »inständiges Bitten«, so die Tagebuchschreiberin, sodass sie die Vierjährige zum Kloster brachte. Der Konvent nahm Fia auf, und noch im selben Jahr feierte man die Oblation der beiden Töchter als geistliche Hochzeit, bei der die Mutter für die noch unmündigen Kinder die ewigen Gelübde ablegte, die den Übertritt in den geistlichen Stand bedeuteten. Die große Feier hatte man auf den 16. Juni 1499, den Tag des heiligen Veit, festgelegt, und die Witwe von Weferlingen lud dazu Freunde und Verwandte der Familie in das Kloster ein, um den Hochzeitstag der Töchter gemeinsam zu feiern.

Aber leider ließen sich offenbar viele der geladenen Gäste entschuldigen, denn die Tagebuchschreiberin erwähnt mit Bedauern, dass sie »auf diese Weise [...] die Kissen, Wandbehänge und Teppiche, die wegen der zu erwartenden Adeligen die feinsten und schönsten waren, umsonst ausgebreitet« hätten, weil nämlich nur sehr wenige kamen. Das Kloster wollte sich gegenüber der Familie als standesgemäße Unterkunft erweisen. Die Familie der Weferlingentöchter, also der Bräute, hingegen musste für die Festlichkeiten aufkommen, und die Witwe scheute auch keine Mühe und Kosten. Es wurden allein vier Gänge mit Fleisch serviert, es gab Wild, Huhn und Rind, sodass man sich den Bauch füllen konnte. Der Konvent, notiert die Tagebuchschreiberin kritisch, »hat das an dem Tag dankbar angenommen, aber nachher ist mir mehrfach zu Ohren gekommen, dass die Überfülle fast allen missfallen hat«. »Das habe ich hier aufgeschrieben«, so schließt sie, »damit wir uns in Zukunft bei diesen Festen und Festessen mehr in Acht nehmen.«

Die Frauen werfen den Propst hinaus

Das wichtigste Amt, das die Verbindung zwischen dem Konvent und der Laiengesellschaft darstellte, hatte der Propst inne, der als ranghöchster Geistlicher im Kloster neben der Äbtissin für die oberste Aufsicht des religiösen Lebens zuständig war. Er hatte vor allem die Aufgabe, die Versorgung der Nonnen aus den Klostergütern sicherzustellen und alle weltlichen Angelegenheiten für die Nonnen zu regeln, also auch die Klostergebäude instand zu halten.

1488 war Heinrich Karstens, der freilich noch einen eigenen Hof in der Nähe des Braunschweiger Cyriakus-Stifts besaß, Propst und zugleich *Kanoniker im Heilig-Kreuz-Kloster. Die Äbtissin von Heilig Kreuz, Elisabeth Pawel, war wenig zufrieden mit ihrem Propst. Heinrich Karstens war kaum noch vor Ort im Kloster, sondern hielt sich beständig auf dem Cyriakus-Berg bei seinem neuen Haus auf, das er dort für sich errichten ließ. Die Abwesenheit des Propstes hatte schwere Auswirkungen auf das Konventsleben. Manchmal hatten die Frauen nicht ausreichend Brot für den Konvent, manchmal fehlte es an Holz, an Kohle und überhaupt an allem Lebensnotwendigen. »Was auch immer der Propst gehalten war, der Gemeinschaft von den klostereigenen Gütern zu geben, konnte nicht ohne Zorn und harte Worte der Äbtissin erreicht werden.« Ganz offensichtlich bestand seitens der Nonnen der Verdacht, dass der Propst die Güter des Klosters für sein eigenes Bauvorhaben verwandte. Schlimmer noch, er hatte fast die gesamte *familia*, also alle weltlichen Bediensteten, die auf dem benachbarten Klosterhof lebten und arbeiteten, gegen die Frauen aufgebracht. Die Äbtissin befand sich in einer schwierigen Lage. Normalerweise hätte sie den Amtsmissbrauch mit den Prokuratoren besprochen, ein Amt, das in der Regel hochrangige Braunschweiger Bürger innehatten, die im Rat für die Angelegenheiten der Nonnen von Heilig Kreuz zuständig waren. Dieses Amt übten in diesen Jahren die beiden Ratsherren Albrecht von Vechelde und

Bodo Glümer aus. Aber offenbar war Heinrich Karstens in Braunschweig eine angesehene und einflussreiche Person, sodass die Prokuratoren abwinkten, weil sie ihn nicht verärgern wollten. Sie fürchteten wohl die eigenen Angelegenheiten in Gefahr zu bringen, wie die Nonnen von Dritten hörten. Also war nichts zu machen, und die Frauen mussten den dadurch verursachten Schaden ertragen.

Schließlich wurde es der Äbtissin jedoch zu bunt, und sie griff zu einem sehr wirksamen Mittel, das die engen Kommunikationswege zwischen Kloster und Welt veranschaulicht. Die Äbtissin gab während der täglichen Kapitelsitzung der ganzen Kongregation die Erlaubnis, sich bei Verwandten und Freunden über den Propst zu beschweren und sie um Rat zu fragen, was man tun könne. Sie selbst erkundigte sich bei den guten Freunden des Klosters, wie die Gemeinschaft ein anderes Regiment, also einen neuen Propst, erhalten könne. Diese rieten ihr, einige der 24 *Gildeherren, also die politischen Vertreter der Zünfte, ins Kloster zu rufen und ihnen die Sachlage zu erklären. Die Äbtissin folgte dem Rat, wobei ihr die Gildeherren versprachen, das Anliegen der Gemeinschaft zu unterstützen.

Die Wirkung war gewaltig, aber in ihren Folgen für den Konvent auch nicht unproblematisch. Die 24 Gildeherren beschlossen nämlich, nicht nur den Propst Heinrich Karstens abzusetzen, sondern auch die beiden Prokuratoren Albrecht von Vechelde und Bodo Glümer aus ihrem Amt zu entfernen. Sie setzten dafür gleich zwei neue Ratsherren ein, nämlich Jakob Rose und Konrad Scheppenstede. Freilich waren Albrecht von Vechelde und Bodo Glümer darüber zutiefst erbost. Die Äbtissin versuchte, sie auf allen Wegen wieder mit dem Konvent zu versöhnen, schickte ihnen Geschenke und bat sie, weiterhin treue Freunde des Klosters zu bleiben, aber es nützte alles nichts, sie blieben zornig. Und der abgesetzte Propst rächte sich auf seine Weise und nahm aus der Propstei mit, was er nur konnte.

2. Die Familie und die Klostergemeinschaft

Wie die Auseinandersetzung mit dem Propst und die Lobbyarbeit bei den Braunschweiger Familien zeigen, waren die Klöster in ein enges Netz von befreundeten Familien eingebunden. Viele dieser Familien blieben einem Kloster über Generationen verbunden, und ihre Nähe zum Konvent lässt sich bis auf die Gründungstage zurückverfolgen. Beide Seiten, sowohl die Familien als auch die Nonnen, profitierten davon. Die Klöster boten Frauen wie Männern einen besonderen Zugang zum Seelenheil, aber auch zu geistlichen Karrieren: Frauen als Äbtissin oder Amtsschwester, Männern beispielsweise als Propst oder Pfarrer in den dem Kloster unterstellten Pfarrkirchen. Über diese Netzwerke übten die Nonnengemeinschaften oft sehr effektiv ihren Einfluss aus.

Die Herkunftsfamilien: Adel und Patriziat

Grundsätzlich konnte jeder und jede ein religiöses Leben wählen und ins Kloster eintreten, praktisch waren die Möglichkeiten aber gerade für Frauen durch den Stand der Familie vorbestimmt, aus der sie stammten. Den Söhnen standen die städtischen oder bischöflichen Lateinschulen offen, und sie konnten deshalb die Entscheidung über ihre Lebensform, geistlich oder weltlich, oftmals viel später, nämlich im Erwachsenenalter treffen. Sie konnten dann auch gegen den Willen der Eltern in ein

Kloster eintreten und hatten die Auswahl zwischen einem ganzen Spektrum von religiösen Lebensformen, die mehr oder weniger offen zur Welt waren. Die Töchter benötigten für einen Eintritt in ein Kloster der Benediktinerinnen oder Zisterzienserinnen, also der alten monastischen Orden, die Unterstützung der Familie, die mit einer Aussteuer zum Lebensunterhalt der Töchter beitrug. Wie das Beispiel von Heilig Kreuz zeigt, kamen die Mädchen aus Familien, die zu diesem finanziellen Aufwand in der Lage waren und die lange Beziehungen zum Kloster hatten. Das waren in der Regel adelige Familien der Umgebung oder Mitglieder des Stadtpatriziats. Ihre Wappen finden sich bis heute in den Überlieferungen des Klosters wieder. So ist das Wappen derer von Bodenteich – ein springender brauner Hirsch mit rotem Geweih und einem weißen gezackten Balken auf dem Fell – in Kloster Lüne im Kreuzgang auf einem Schlussstein gesetzt und ebenso auf mehreren Teppichen verewigt (Tafel 5), die jeweils um 1500 während der Amtszeit der Sophia von Bodenteich gefertigt wurden.

Während die Familienmitglieder an besonderen Festtagen ins Kloster kommen durften, war es den Nonnen aufgrund der Klausur nicht erlaubt, das Kloster zu verlassen, um an Familienfesten teilzunehmen oder kranke Angehörige zu pflegen. Sie waren deshalb in der Kommunikation auf Briefe angewiesen. Unter den Briefen der Lüner Benediktinerinnen findet sich eine ganze Zahl von Glückwunschschreiben zur Hochzeit von Geschwistern, bei denen die Nonnen bedauern, dass sie aufgrund ihrer abgeschiedenen Lebensweise nicht selbst zur Feier kommen könnten, aber statt ihrer selbst Heilige als himmlische Gäste mit guten Wünschen als Geschenke senden würden. So gratuliert Anna von Bülow im Kloster Lüne ihrem Bruder Vicke von Bülow zu seiner zweiten Heirat und erläutert die geistliche Bedeutung des Fests: Christus, als Bräutigam der Nonne, und Maria, ihre Schwiegermutter, würden so anwesend bei der Hochzeit sein, wie sie es in Kanaan waren, als Jesus von seiner Mutter angewiesen wurde, Wasser in Wein zu verwandeln.

Zur Pflege der guten Beziehungen gehörten auch kleine Geschenke, obwohl die Nonnen selbst über kein Eigentum verfügten und sie deshalb in dieser Hinsicht auf Handarbeit angewiesen waren. So schrieben drei Medinger Schwestern Elisabeth, Mechthild (Mette) und Tiburg (Tibbeke) Elebeke für ihre Schwester Anna, die den Bürgermeister von Lüneburg Heinrich von Töbing geheiratet hatte, ein niederdeutsches Andachtsbuch, für das sie aus ihren eigenen lateinischen Gebetbüchern Texte übersetzten und an das Leben der weltlichen Schwester anpassten. Eine andere Nonne aus Kloster Lüne sorgte sich offenbar um ihren Bruder, dem sie eine Mahnung zum fleißigen Studieren und Genesungswünsche schrieb, weil sie von der Mutter gehört hatte, dass er krank sei. Seine Begabung zum Studium solle er sich zur Verpflichtung nehmen, denn nun hinge es an ihm, was er daraus mache: Judas endete nach guten Anfängen als Verräter, Saulus dagegen wandelte sich zum Paulus. Obwohl der Bruder offensichtlich studiert war und sicher Latein lernte, schrieben sich die Geschwister – vielleicht aus familiärer Verbundenheit – auf Niederdeutsch.

Die Klostergemeinschaft: Äbtissin, Priorin, Nonne, Laienschwester, Propst und Scholaren

Die mittelalterlichen Frauenklöster waren große und vielfach sehr einflussreiche geistliche Institutionen. Hier lebten jedoch, wie wir bereits gesehen haben, keinesfalls nur die Nonnen, sondern die vielfach ausgedehnten Klostergebäude mit dem Klosterhof beherbergten sehr verschiedene soziale Gruppen, Männer wie Frauen.

Eine Klostergemeinschaft war stets hierarchisch strukturiert. Die Äbtissin führte den Konvent und vertrat ihn nach außen, während die Amtsschwestern, also Nonnen, in der internen Organisation Funktionen wie die der Priorin, der Vorsängerin (**cantrix*), der Kellermeisterin (*celleraria*) oder *Schulmeisterin (*magistra, scholastica*) übernahmen und eine Art »inneren Rat« bildeten. Er stand der Äbtissin bei größeren Entscheidungen bei, man unterzeichnete wichtige Dokumente gemeinsam, und diese Gruppe schritt bei Zeremonien wie der geschilderten Prozession dem Konvent voran. Auch kam den Ältesten (*seniores*) in einem Konvent eine Ratgeberinnenrolle zu, wobei sich das »Alter« nach dem Klostereintritt bzw. nach dem Professalter bemaß. Die Gemeinschaften konnten sehr unterschiedlich groß sein, von einem Dutzend bis zu zehnmal so viele Frauen umfassen: *Frauenstifte umfassten in der Regel zwölf bis 15 Frauen, Klöster durchschnittlich 60 bis 80 Frauen, hinzu kamen die Novizinnen und die Mädchen, die noch nicht die Profess abgelegt hatten, aber schon beim Konvent lebten.

Da die Frauen in fester Klausur lebten, waren ihnen Laienschwestern an die Seite gestellt, die die notwendigen Arbeiten außerhalb der Klausur verrichteten und

Botengänge übernahmen. Während die Chornonnen durch die geistliche Hochzeit mit Christus einen hohen Rang in der mittelalterlichen Gesellschaft einnahmen und sozusagen eine »gute Partie« für den »Sohn des höchsten Königs« waren, stellten die Laienschwestern eine andere soziale Schicht dar und kamen in der Regel auch aus weniger begüterten Familien, etwa der städtischen Mittelschicht. Das ist auch der Grund, warum die Patrizierfamilie sich im Fall des hinkenden Mädchens dagegen wehrte, sie als Laienschwester und nicht als Chorschwester ins Kloster zu geben.

Laienschwestern traten typischerweise im arbeitsfähigen Alter in das Kloster ein, leisteten aber nur einfache Gelübde und wurden ihr Leben lang dort versorgt. Sie durchliefen nicht die Klosterschule, lernten also auch kein Latein und hatten verkürzte Gebetsverpflichtungen, damit die Arbeit nicht litt. Aber sie hatten teilweise, wie aus Briefen und Andachtsbüchern, die sie für sich selbst schrieben, erkennbar wird, auf Niederdeutsch Lesen und Schreiben gelernt. Sie hatten keine festen Klausurvorschriften, sondern eine größere Bewegungsfreiheit, allerdings mit einer gewissen Kontrolle.

In einer Regel für die Laienbrüder und -schwestern in Kloster Medingen aus den 1470er-Jahren wird festgehalten, dass sie ihr Recht auf ein freieres Kommen und Gehen nicht nutzen sollten, um fremde Personen einzuschleusen oder umgekehrt ohne ausdrückliche Genehmigung in die Stadt zu Verwandten zu Besuch zu gehen. Sie sollten sich schlicht kleiden und nicht etwa zweifarbig rot-grüne enggeschnittene Kleider mit Silberknöpfen tragen – ein Verbot, das, wie so viele andere, Einblick in das gibt, was damals gerade in Mode war. Vor allem war es ihnen aber unter Androhung von Exkommunikation verboten, ihr Testament ohne Wissen des Klosters zu verfassen – zu groß war die Furcht, dass Eigentum aus dem Kloster in fremde Hände fallen würde.

Die Mägde und Bedienstete wie Tagelöhner kamen aus der gleichen Gesellschaftsgruppe wie dieselbe Berufsgruppe in der Stadt oder beim Adel. Sie kümmerten sich um Mühlen, Brauerei, Fischteiche, Bauernhöfe, Weingärten und den übrigen Besitz des Klosters. Teilweise kamen sie gemeinsam mit Angehörigen der Familie, denen sie auch weltlich dienten, ins Kloster, auch wenn eine monastische Regel verbot, dass den *Religiosen persönliche Bedienstete zur Seite standen. Eine wichtige Gruppe stellten zudem die *Präbendarinnen und Präbendare dar, die es in vielen Klöstern gab – Männer und Frauen, die sich meist gegen Ende ihres Lebens entschlossen, bei einer geistlichen Gemeinschaft zu leben, die dann für sie sorgte, sozusagen als Altersversorgung. Sie verfügten nicht selten über besondere Fähigkeiten, hatten detaillierte Kenntnisse im Nähen, waren gelehrte Juristen oder hatten eine handwerkliche Ausbildung, die für den Konvent sehr nützlich war. Sie übertrugen dem Konvent bei ihrem Eintritt ihr Erbe, übernahmen viele kleinere und größere Aufgaben, wie zum Beispiel Botengänge, für die Gemeinschaft und wurden dafür mit allem Lebensnotwendigen ausgestattet.

Ein Kloster folgte somit insgesamt dem Modell einer Familie, angefangen von der Äbtissin als Mutter der gesamten Gemeinschaft. Das wird schon in der Bezeichnung des Amtes deutlich. Das Wort »Äbtissin« hat eine lange Reise durch viele Sprachen hinter sich, die direkt in der Bibel beginnt. Die Grundlage ist die vertrauliche aramäische Anrede für den Vater, *abba*, die Jesus im Vaterunser verwendet. Die Äbtissin vertrat und verantwortete die Gemeinschaft nach außen und durfte aus diesem Grund auch die Klausur verlassen. An ihren verwandtschaftlichen Verbindungen hingen nicht selten Ansehen und Wohlergehen des Konvents, wenn es beispielsweise galt, im Konfliktfall die Interessen des Konvents in der Laiengesellschaft durchzusetzen. Sie hatte aber auch die Strafgewalt über die Nonnen inne und musste über die Disziplin im Kloster wachen. Das Äbtissinnenamt war höchst anspruchsvoll. In den Lüner Briefen werden die Äbtissinnen in Nachrufen als Hirtinnen gepriesen, ohne deren Führung die Nonnen wie verirrte Schafe seien. Die Darstellung der Äbtissinnenweihe in Kloster Medingen rühmt in der Beischrift zur letzten Bildtafel in lateinischen Hexametern das Werk der 1494 zur Äbtissin geweihten Margarete Puffen, die die erste Priorin während der Klosterreform gewesen war, aus der Sicht des Konvents: »Diese unterwies uns Mägde Christi mit aller Sanftmut und Frömmigkeit in der heiligen neuen Ordnung und Observanz und stellte sich jeder Form unerlaubter Eigenmächtigkeit entgegen. Sie streute die Blumen der wahren Religion und Reform aus und verwarf alle Irrtümer. Alle Taten ihrer Vorgängerinnen vergoldete sie mit ihren eigenen Taten, und wie ein Engel des Herrn wandelte sie unter uns, und sie wurde niemals müde, Tag und Nacht für uns zu arbeiten.«

In dieser Gemeinschaft waren auch Männer nötig: Das Kirchenrecht verbot den Frauen nicht nur, sich öffentlich zu dogmatischen Fragen zu äußern, sondern untersagte ihnen auch die Predigt und den Vollzug der Sakramente. Wie das Beispiel der Frauen im Braunschweiger Exil zeigt, organisierten die Frauen die Stundengebete (*hores*) und die Kapitelversammlung selbst, aber in mehreren Bereichen stießen sie an kirchenrechtliche Grenzen. Für die Messfeier und die Sakramente brauchten die Frauen Priester. Das konnten Weltgeistliche sein, der Propst oder auch Mönche, die die »Sorge für die Seelen« (*cura animarum*) genannte geistliche Betreuung übernahmen. An der Spitze der kleinen Gruppe von Klerikern, die die seelsorgerische Betreuung im Nonnenkonvent übernahmen, stand in der Regel ein Propst (*prepositus* – »Vorsteher«). Er war oftmals nicht nur der oberste Geistliche, sondern übernahm auch die Verantwortung für alle administrativen und rechtlichen Angelegenheiten der Gemeinschaft. Die Befugnisse des Propstes konnten sich allerdings von Kloster zu Kloster stark unterscheiden, je nachdem, ob ein Konvent Teil einer Ordensgemeinschaft wie zum Beispiel des Zisterzienserordens war. Wenn das der Fall war, übernahmen die Mönche die Aufgabe der geistlichen Betreuung der Frauen, und der Abt der Männergemeinschaft war der zuständige Geistliche. Dann fiel dem Propst nur die Aufgabe der weltlichen Verwaltung zu (*cura temporalium*). Dem Propst zur Seite standen Kantoren, Diakone und Scholaren. So lebte in der Regel eine ganze Gruppe von Geistlichen bei oder in der Nähe einer Frauengemeinschaft, unter denen neben dem Propst der Beichtvater die wichtigste Bezugsperson war. Dazu predigten die Vertreter der Amtskirche bei Gottesdiensten, führten durch die Liturgie der Messen und Hochfeste, nahmen die Beichte, führten Prozessionen wie die des Auszugs aus Heilig Kreuz an, spendeten die Krankensalbung, vollzogen die letzten Riten vor dem Tod und die Beerdigungsriten.

Auch für die konkrete Güterverwaltung auf dem Klosterhof wurden Männer benötigt, Fachleute für die Brauerei, Mühlen und Landwirtschaft, einige von ihnen waren Laienbrüder, die wie die Laienschwestern Teil des geistlichen Standes wurden, andere Laien wie Hofmeister oder Knechte, die die schwere körperliche Arbeit verrichteten – auf Abbildungen von Festen im Frauenkloster werden beispielsweise die Orgel spielenden Nonnen von Blasebalg tretenden Jungen unterstützt, die auch die Glocken läuten (Abbildung 6).

Abbildung 6: Umzug nach Neu-Medingen 1336. Die alten Nonnen und Klosterschülerinnen ziehen weinend hinter dem Propst Ludolf aus Alt-Medingen aus, die jüngeren Nonnen gehen ihnen mit Fahnen, einem Kreuz und der Statue des heiligen Mauritius entgegen. Die Orgel befindet sich auf dem Nonnenchor, die Glocken in einem separaten Turm eben der Kirche.

Wie viel Entscheidungsmacht den männlichen Betreuern zur Verfügung stand, war indes von vielen Umständen abhängig. Die Nonnen konnten sehr beharrlich sein, wenn es um ihre geistliche Betreuung ging, sowohl im Guten wie im Bösen. In der Mitte des 15. Jahrhunderts wurde etwa Kloster Lüne durch Propst Dietrich Schaper in die schweren Unruhen der Stadt Lüneburg und den sogenannten *Prälatenkrieg hineingezogen. Schaper verteidigte die Interessen der Lüner Nonnen energisch gegenüber den finanziellen Ansprüchen des Rats, wodurch er sich im Rat der Stadt Lüneburg zahlreiche Feinde machte. Als es 1451 zu einer Gerichtsverhandlung kam, bei der der Propst wegen Untreue, Verschwendung von Klostergut und schlechten Lebenswandels angeklagt wurde, erschien der Konvent unter der Führung der Priorin Susanne Munter vor Gericht und ließ eine niederdeutsch verfasste Zeugenschrift vorlegen, mit der sie den Propst verteidigten und die gegen Schaper erhobenen Anklagen für unzutreffend erklärten.

Dass das enge Zusammenspiel der Geschlechter und dieser vielfältigen sozialen Gruppen auf verhältnismäßig engem Raum über Jahrhunderte funktionierte, lag an dem Regelwerk und an der ausgeklügelten räumlichen Anordnung, sodass sie sich die meiste Zeit in getrennten Bereichen aufhielten, aber sich doch gegenseitig wahrnehmen und wie in der Klosterkirche einander zwar nicht sehen, aber hören und so zusammen singen konnten. Und es lag nicht zuletzt an dem gemeinsamen Ziel, nämlich ein geistliches Leben in Klausur gewidmet dem Lob Gottes zu ermöglichen.

3. Repräsentation und Status

Der Tristan-Teppich

Was macht eine Ehebruchsgeschichte im Kloster? Die Nonnen von Wienhausen stickten gleich drei großformatige Bildteppiche, die die Liebesgeschichte von Tristan und Isolde darstellen, samt Minnetrank und Bettszenen. Für ein Verständnis der Bedeutung dieser Teppiche ist vor allem der größte von ihnen aufschlussreich (Tafel 6/7), bei dem auf 2,3 Metern Höhe und 4 Metern Breite in abwechselnden Bildstreifen Wappen und Szenen aus der Geschichte dargestellt sind; dazwischen verläuft noch ein Band mit niederdeutschen Beischriften, und an den Seiten ist die Bilderzählung von Rosen- und Efeuranken umgeben. Die Wappen verbinden Lokales und Globales ähnlich wie auf der Ebstorfer Weltkarte: Erst kommt der Reichsadler, dann der Braunschweiger Löwe – aber oben rechts findet sich auch das Wappen des sagenhaften König Artus, und das Königreich Jerusalem ist prominent vertreten. Dazwischen setzten die Nonnen sich selbst: ihre Familienwappen, oder jedenfalls Elemente, die so auch in der Symbolik ihrer Familien auftauchen wie Andreaskreuz, Greif oder Löwe. Bei hohem Besuch etwa aus dem Welfenhaus, das in Gestalt der Herzogin Agnes von Landsberg das Kloster mitbegründet hatte, konnten die Teppiche mit ihren höfischen Themen von Jagd, Kampf, Liebe und Drachen zur festlichen Ausstattung der Räume hervorgeholt werden.

Die Nonnen setzten sich auf den Teppichen auch ein

Denkmal durch ihre eigene Lesart der Tristangeschichte. Im Zentrum des Tristan-Teppichs stehen die Frauen und ihre Klugheit. Nachdem im ersten Bildstreifen Tristan zum Kampf gegen Morolt nach Irland aufbricht und verwundet zurückkommt (die Reiserichtung hin und zurück über die irische See wird daran erkennbar, dass das Pferd einmal nach links und dann nach rechts Tristan beim Rudern zuschaut), ist der zweite Streifen um die beiden Szenen mit der Königin Isolde und ihrer gleichnamigen Tochter zentriert. Sie ziehen Tristan, der sich als Spielmann verkleidet hat, in die burgartig gezeigte Stadt Dublin hinein und heilen ihn. Während die beiden gekrönten Frauen hoch aufgerichtet mit den Salben dastehen, kauert der kleine kranke Tristan zwischen ihnen. In der untersten Bildreihe wiederholt sich die Machtdarstellung der Frauen, die ihn vor Krankheit und Bedrohung retten können. Als Tristan wegen der giftigen Dünste des von ihm besiegten Drachen in Ohnmacht fällt, finden ihn die drei Frauen (die Dienerin Brangäne hat sich noch dazugesellt), ziehen ihn buchstäblich aus dem Sumpf, baden ihn und geleiten ihn zum Königshof. Im Badezuber sitzt er wiederum klein zwischen den kräftig handelnden Frauen, von denen die junge Isolde sein Schwert ergriffen hat. In den bekannten Tristan-Versionen hat sie in dieser Szene die Waffe erhoben, um sich an Tristan für den Tod ihres Onkels Morolt zu rächen, aber die niederdeutsche Beischrift des Teppichs dreht das um: »Da stand Frau Brangäne und heilte ihn, Frau Isolde salbte ihn. Da badete sie ihn. Frau Isolde hielt das Schwert.« (*do stot vrv Braniele · vnde hel ene vrv Isalde salvede ene · do badde se ene vrv Isalde helt dat svert*). Aus der Bedrohung ist eine Be-

Tafel 1 Ebstorfer Weltkarte mit Jerusalem im Zentrum
(Kloster Ebstorf, 14. Jahrhundert)

Tafel 2 Niedersachsen auf der Weltkarte (Kloster Ebstorf, 14. Jahrhundert)

Tafel 3 Nonnenkrone, die den Beschreibungen Hildegards von Bingen entspricht (12. Jahrhundert)

Tafel 4 Philosophenteppich mit Darstellungen von Personifikationen und antiken Autoritäten (Kloster Heiningen, 1516)

Tafel 5 Wappen der Sophia von Bodenteich auf dem Bartholomäuslaken (Kloster Lüne, 1492)

Tafel 6/7 Tristan-Teppich mit Wappenleisten
(Kloster Wienhausen, 14. Jahrhundert)

Tafel 8 links St. Mauritius als Prunkstatue (Kloster Medingen, 1506)

Tafel 9 Konsolstein mit den Nonnenkronen tragenden Chornonnen GLM und GF (Kloster Ebstorf, 14. Jahrhundert)

Tafel 10/11 Handschrift für den Musikunterricht mit Guidonischer Hand und Solmisationstreppe (Kloster Ebstorf, 15. Jahrhundert)

Tafel 12 Vision der Dorothea von Meding von 1562, aufgehängt auf dem Nonnenchor (Kloster Lüne, 1623)

Tafel 13 Ostergebetbuch mit Festgesang zur Auferstehung (Kloster Medingen, 1478)

Tafel 14 Nonnenchor mit Blick nach Westen
(Kloster Wienhausen, 14. Jahrhundert)

Tafel 15

oben Wandmalerei auf dem Nonnenchor mit Klosterdarstellung (Kloster Wienhausen, 14. Jahrhundert)

unten Westflügel der Klausur, Nonnenchor und Gemeindekirche von Süden (Kloster Wienhausen, 14. Jahrhundert)

Tafel 16 Aderlass unter den Monatsbildern
(Kloster Wienhausen, 14. Jahrhundert)

schützung geworden, und es ist klar, wer die Erzählfäden ebenso wie die Stickfäden in der Hand hält: die Nonnen, die aus einer verbotenen Liebe eine Geschichte über den Kampf gegen das Böse und der Rettung vor Krankheit und Tod durch Frauen machen.

Abbildung 7: Badeszene aus dem Wienhäuser Tristan-Teppich (Ausschnitt aus Tafel 6/7)

Der schwarze Ritter Mauritius greift ein

Aus Kloster Medingen hat sich ein einmaliges Zeugnis erhalten, das Einblick gibt, wie die Nonnen selbst ihre Geschichte auffassten. Es sind 15 Bildtafeln von 1492 mit ausführlichen Bildbeischriften auf Latein und Deutsch, in denen erklärt wird, wie seit der Gründung die Gemeinschaft göttlich geleitet wurde und wie es immer wieder himmlische Einmischung gab, um das Kloster zu fördern. Die Originale, die im Haus der Äbtissin hingen, sind im 18. Jahrhundert verbrannt, aber dank sehr genauer Kupferstichkopien (in Maleranweisungen wird sogar die Farbe des Habits und der Mäntel der Nonnen vermerkt) lässt sich das Bildprogramm rekonstruieren. In den vorigen Kapiteln waren daraus schon Darstellungen von Nonnen auf dem Leiterwagen und die Darstellung des Kirchweihfest zur Klosterneugründung angeführt, aber noch deutlicher wird die Sicht der Nonnen auf ihre eigene Geschichte in den Darstellungen, die zeigen, wie Heilige ihnen immer wieder tatkräftig geholfen haben. Auf Bildtafel 9 ordnet Maria, die Schutzpatronin des Zisterzienserordens, den Bau eines neuen Klosters an, auf der nächsten rodet Johannes der Täufer, einer der Stadtheiligen Lüneburgs, höchstpersönlich das Land dafür.

Besonders deutlich wird die aktive Fürsorge der Heiligen für die Nonnen auf Bildtafel 13. Dargestellt ist eine Szene während einer Weihnachtsmesse mit Propst Dietrich Brandt, der Ende des 14. Jahrhunderts amtierte (1380–1396), wie das Schriftband *Tidericus prepositus* verrät. Er kniet mit erhobenen Händen vor dem Klosterheiligen Mauritius als gerüstetem Ritter, der das Schwert präsentiert und ein Spruchband hat: *Giff minen kinderken wes du iüm plichtig bist.* Der Text fordert vom Propst, die Nonnen mit dem, was ihnen zusteht, zu versorgen. Die in das weiße Festtagsgewand gekleideten Nonnen knien in zwei Gruppen im Hintergrund.

Begleittexte erläutern auf Lateinisch und Niederdeutsch, was mit der Szene gemeint war. Der niederdeutsche Text lautet in Übersetzung: »Als der vorige Propst gestorben war, wählten sie Herrn Dietrich Brandt, der einmal den Nonnen in der Adventszeit das ihnen zustehende Einkommen vorenthielt und ihnen nichts zu essen gab. Da geschah es bei der Weihnachtsmesse, als der Propst auf seinem Stuhl bei dem Altar saß, dass er

Abbildung 8: Der Klosterpatron Mauritius droht dem Propst Dietrich Brandt während der Weihnachtsmesse 1380.

vor sich St. Mauritius mit gezücktem Schwert sah, der zu ihm sagte: ›Gib meinen Töchtern, was du ihnen schuldig bist.‹ Da erhob sich der Propst, fiel auf die Knie, und der ganze Konvent tat es ihm nach, obwohl nur der Propst ihn sah, die Nonnen nicht.«

Der Schutzpatron schaltet sich also höchstpersönlich und handgreiflich ein. Es ist, als ob die Heiligenfigur, die klein auf dem Altar sichtbar ist, plötzlich überlebensgroß in Aktion tritt. Die Szene erlaubt einen Einblick in die räumliche Ordnung in Medingen. Die Wiedergabe des Raums ist notwendigerweise stark vereinfacht, aber es ist erkennbar, dass die Nonnen als etwas entfernte Beobachterinnen dargestellt sind. Sie verfolgen von ihrem Platz aus das Geschehen am Hochaltar. Wie in der Beischrift geschildert, sind sie auf die Knie gefallen, als sie ihren eingeschüchterten Propst knien sahen. Im Zentrum steht der Hochaltar der Klosterkirche mit *Patene, Kelch und Buch und über einer altargleichen querrechteckigen Tafel rechts und links von einem Kruzifix und den Statuen von Maria und Mauritius. Der Höhepunkt der Messfeier, die Wandlung von Brot und Wein in den Leib Christi, steht unmittelbar bevor, der Kelch befindet sich bereits auf dem *Korporale, der rechteckigen Unterlage für die Abendmahlsgefäße, die Patene, der Teller für das Brot, ist halb davon verdeckt. Rechts daneben liegt ein aufgeschlagenes Buch, das Missale, aus dem der Priester die Wandlungsworte lesen sollte. Liturgisch korrekt würde der Band von Christus aus gesehen auf der rechten Seite liegen, wo das Evangelium vorgelesen wurde. Der Propst stünde mit einem weiteren assistierenden Priester davor. Aber dies ist kein Schnappschuss einer historischen Situation. Die Bildtafel entstand erst hundert Jahre, nachdem dieser Vorfall sich zugetragen haben soll: Das Geschehen ist symbolisch konzentriert, für das Gemeinschaftsgedächtnis bewahrt und für die Betrachter des 15. Jahrhunderts als letztlich zeitlos gültige Geschichte wiedererkennbar. Daher entsprechen die Mauritiusfigur des gewappneten Ritters mit wehender Standarte und die Madonnenfigur auf dem Altar den Statuen, die in der Klosterkirche auf dem Hauptaltar zu sehen waren.

Die große Altarstatue ist verloren, die kleine Mauritiusstatue, die sich in Medingen erhalten hat, zeigt den gleichen Typ des gerüsteten Ritters mit krausen Haaren und wehender Standarte. Sie wurde 1506 von der Äbtissin Margarete Puffen als Teil ihrer repräsentativen Pflichten des neuen Äbtissinnenamtes in Auftrag gegeben. Während Mauritius in den Medinger Handschriften nach dem allgemeinen Heiligenschema als Jüngling mit roten Bäckchen und einer nur schematisch angedeuteten Rüstung auf dem weiß gelassenen Pergament gezeigt ist, wird er in den Auftragsarbeiten, die in Lüneburg von professionellen Handwerkern ausgeführt wurden, als schwarzer Ritter in modischer Zeremonialrüstung und mit Federschmuck auf dem Kopf gezeigt (Tafel 8).

Für die Nonnen war der Ritterheilige Mauritius von großer Bedeutung, er machte das Kloster für den umliegenden Adel attraktiv. Heute würde man womöglich von einem »Firmenlogo« oder »Maskottchen« sprechen, auch wenn das die Bedeutung für die Identität der Nonnen nur teilweise abbildet. Seine Begleitung zieht sich als roter Faden durch die Klostergeschichte: Eine Mauritiusstatue reiste mit den ersten Nonnen aus Magdeburg mit, wo er Diözesanheiliger war, und wurde beim Umzug von Alt- nach Neu-Medingen (Abbildung 6) vorangetragen. Die Wichtigkeit des Heiligen in den Ausstattungsstücken des Klosters wird auch daran erkennbar, dass die Statue zu den wenigen Dingen gehörte, die beim Brand im späten 18. Jahrhundert gerettet wurden, zusammen mit dem zeremoniellen Krummstab der Äbtissin, der ebenfalls Mauritius als schwarzen Ritter zeigt.

Die Heiligengemeinschaft umgab, schützte und schmückte die Lebensform der Nonnen. In dem Inventar, das Mitte des 18. Jahrhunderts von den Ausstattungsstücken des Klosters Medingen angefertigt wurde, wird allein für den Nonnenchor verzeichnet: ein Flügelaltar mit Aposteln in zwei Reihen, ein weiterer Apostelschrein aus dem 14. Jahrhundert, ein großes hölzernes Kruzifix, ein Gemälde von 1504 mit einem Christuskopf, ein Gemälde, auf dem die Ölbergszene um die Figuren von Maria und Bernhard von Clairvaux erweitert war, ein lebensgroßer Schmerzensmann und eine hölzerne Verkündigungsgruppe in einer Nische. Das alles inszenierte und umrahmte den Äbtissinnenthron mit seinem geschnitzten Baldachin und das raumfüllende Chorgestühl, das fast 100 Sitze umfasste. Die Heiligenstatuen waren nicht einfach Raumschmuck, sondern die himmlischen Schutzherrinnen und Schutzherren waren die Netzwerke der Nonnen für die Ewigkeit. Sie verhießen die Erhörung der Gebete der Frauen – bis hin zu der ganz greifbaren Form des Weihnachtsessens, das ihnen Mauritius als ihr ganz persönlicher Ritter erstritt.

IV. DIE STRENGE DES LEBENS: MUSIK UND REFORM

Die Klostergemeinschaften entwickelten sich stets im Wechselspiel mit den religiösen und sozialen Bedingungen und Bedürfnissen ihrer Zeit. Umgekehrt wirkten ihre religiösen Lebensentwürfe auf die Gesellschaft zurück, da die geistlichen Frauen durch die besondere Lebensform eine Vorbildfunktion in der mittelalterlichen Gesellschaft ausübten. Von Anfang an war das Klosterleben beständigen Veränderungen und Anpassungsprozessen ausgesetzt, fast jede Generation suchte nach Wegen, ihre Lebensform den Ursprungsidealen des Christentums anzunähern, es zu »re-formieren«. Die Klosterreform des 15. Jahrhunderts war von der *devotio moderna*, der »neuen Frömmigkeit«, beeinflusst, die als wirkmächtige religiöse Bewegung dem Einzelnen einen individuellen Zugang zu Gott ermöglichen sollte. Während die ältere Forschung das Spätmittelalter lange als eine Zeit des Verfalls betrachtet hat, weiß man heute, dass gerade die große Kirchen- und Klosterreform des 15. Jahrhunderts zu einer Blüte der Gesellschaft und der geistlichen Institutionen sowie vertiefter Religiosität führte. Die Klausur, eine vertiefte Ausbildung und eine neue liturgische Praxis beweisen das. Doch noch etwas war offensichtlich: Die Erneuerung religiösen Lebens ließ sich an der Musik ablesen. Man konnte die Reform hören.

1. Weltliche Lieder beim Leinenschwingen

Es war im Sommer 1491, als die Äbtissin Mechthild von Vechelde dem Konvent ankündigte, dass sie die Erlaubnis zu einem Fest zum Leinenschwingen geben wolle, »damit«, wie die Chronistin sagt, »wir uns darauf freuen können und wir, wenn wir wollten, dazu Lieder singen können. Diese Nachricht gefiel uns sehr, sowohl den Alten als auch den Jungen und denen mittleren Alters.« Sofort begann eine rege Vorbereitungstätigkeit. Da es ein solches Fest anlässlich des Leinenschwingens – eines Arbeitsgangs beim Gewinn von Leinen aus Flachs – schon lange nicht mehr gegeben hatte, versuchten die Frauen, sich die alten Lieder, die dabei gewöhnlich gesungen wurden, wieder ins Gedächtnis zu rufen und für das kommende Fest umzuschreiben. Die Schwestern mittleren Alters und die jüngeren Nonnen schrieben diese Lieder auf, die Mädchen, die jungen und die etwas älteren, übten sie mit großem Eifer ein. So wichtig war ihnen diese Vergnügung, bemerkt die Tagebuchschreiberin, dass sie nicht bedachten, welches Ende diese Nichtigkeit nach sich ziehen würde, weil sie nämlich glaubten, dass eine solche Freiheit von nun an in jedem Jahr erlaubt werden würde.

Von den Liederbüchern

Man kann vermuten, dass zu solchen Anlässen und auf diese Art und Weise die zahlreichen Liederbücher mit weltlichen und geistlichen Liedtexten entstanden, die aus den Nonnenklöstern überliefert sind. Als ein geeigneter Tag gekommen war, »ließ unsere Herrin das Leinen bringen und in unseren Klosterhof hereinführen, und sie sorgte für ein Rad in der Scheune, damit wir dort einen heiteren Tag beim Leinenschwingen zubringen könnten. Zu unserer Hilfe erlaubte sie unserer *familia* einzutreten, sowohl den Männern als auch den Frauen, dem Beichtvater, in diesen Jahren war das Heinrich Senstidde, und dem Propst Georg Knochenhauer, den Scholaren und wer sonst von den anderen dabei sein wollte«, also auch den Mägden und den Präbendaren. Für diesen Tag war damit die Klausur, die man im Heilig-Kreuz-Kloster üblicherweise streng beachtete, aufgehoben. Die Nonnen, vor allem die jüngeren, und die Novizinnen, die Mädchen und die Laienschwestern sangen zusammen geistliche Lieder – oder etwas weniger geistliche, deren Inhalt auch für Klosterleute akzeptabel war, wie die Zisterzienserin hinzufügt. Und als sie keines von den ehrbaren Liedern mehr zu singen wussten, ließen sie die Mägde und die Präbendarinnen weltliche Lieder singen, und wer wollte, sang mit.

Ein gottgefälliges Fest?

Zu dieser Zeit lebte Salome, die Tochter des Niederadeligen Konrad von Schwicheldt, mit einer Laienschwester als Gast im Kreuzkloster. Sie waren aus dem benachbarten Wöltingerode nach Braunschweig in das Heilig-Kreuz-Kloster gekommen, damit die Braunschweiger Ärzte Salomes schwere Krankheit leichter behandeln konnten, denn das Zisterzienserinnenkloster Wöltingerode lag recht abgelegen. Dort war bereits in der Mitte des 15. Jahrhunderts die Klosterreform mit einem regelgetreuen Leben eingeführt worden, und es genoss seitdem den Ruf eines Modellklosters für Reformtreue. Die Wöltingeroder Laienschwester war über das Leinenschwingfest und eine derartige Ausgelassenheit sichtlich schockiert. Die Tagebuchschreiberin notiert, »dass sich darüber einige befremdet zeigten, wie mir schien, und vor allem die Laienschwester aus Wöltingerode, von der ich schon berichtet habe, empörte sich gewaltig: Sie sagte, so etwas habe sie niemals zuvor gesehen oder gehört, gleichwohl missfiel ihr eine derartige Vergnügung.« Aber die Braunschweiger Nonnen, die Laienschwestern, Mägde, die Priester und Knechte hatten ihren Spaß. »Für unsere Äbtissin sangen sie aus Respekt etwas zu ihr Passendes. Ähnliches taten sie für den Propst, indem sie ›O bester Prälat‹ und andere Lieder sangen, die sie aus dem Stegreif gedichtet hatten.« Der Tag endete mit kleinen Geschenken für die Sängerinnen und einem gemeinsamen Essen für alle Helfer. Auch der Propst war angetan, »oder jedenfalls tat er so«. Die Sängerinnen und Sänger erhielten Preise, und der Beichtvater und einige der Priester schickten Geschenke, »als ob sie uns gewogen seien. Auch unsere Herrin und einzelne Amtsfrauen gaben einen Preis, wenn er auch nicht besonders kostbar war. Abends gab unsere Herrin allen, die geholfen hatten, zu essen und zu trinken.«

Solche großen und ausgelassenen Festlichkeiten waren vor der Reform wohl in vielen Nonnenklöstern üblich. Und für das Miteinander der verschiedenen Gruppen im Kloster waren sie sicherlich von nicht zu unterschätzender Bedeutung. Im Hinblick freilich auf mögliche Begleiterscheinungen lag hier vielleicht einer der Gründe, weshalb die strenge Einhaltung der Klausur eine der ersten Forderungen der Reform wurde. Die Tradition der Klosterfeste war offenbar auch im Braunschweiger Heilig-Kreuz-Kloster eingeschränkt, aber nicht vollständig unterbrochen worden. Doch schon dieses kleine Fest anlässlich des Leinenschwingens, an dem die ganze Klosterfamilia teilgenommen hatte, schien jetzt nicht mehr in das Klima der Zeit zu passen. Die Quittung folgte auf dem Fuße. Personen aus dem sozialen Umfeld des Klosters, deren Namen und Stellung die Tagebuchschreiberin nicht kannte, nahmen Anstoß an dem Fest und bewegten den Beichtvater und den Propst dazu, die Nonnen für diese Unternehmung zu tadeln. So endet der vergnügliche Bericht der Tagebuchschreiberin ernüchtert: »Und all das habe ich deshalb so bis ins Einzelne beschrieben, weil uns eine solche Vergnügung lange Zeit nicht erlaubt worden war und wir dergleichen auch für eine lange Zeit nicht mehr erlangen konnten, weil große Missstimmung daraus entstanden ist, da einigen alles, was an diesem Tag passiert war, sehr missfallen hat und sie es schwer verurteilten. Sie bewegten auch den Beichtvater dazu, uns zu verurteilen, zu tadeln und hauptsächlich, wie uns schien, dafür zu sorgen, dass dergleichen nicht häufiger geschieht.« Der Propst Georg Knochenhauer reagierte strategisch, wenn er eine derartige Situation für die Zukunft umging, indem er einfach den Leinanbau im Klostergarten untersagte – ohne den Grund zu verraten, versteht sich, um die Klosterfrauen nicht vor den Kopf zu stoßen.

2. Die Klosterreform

Musik stand unbestritten im Zentrum des Lebens der Nonnen, vor allem im Rahmen der Liturgie, aber bei Weitem nicht nur dort. Man sah die Frauen nicht, die abgeschirmt vor den Blicken der Laien und des Klerus auf dem Nonnenchor sangen, aber man vernahm ihren Gesang.

Wo man singt, da lass dich nieder

Die Frage, welcher Gesang gottgefällig ist, beschäftigt alle Religionen. Die Bibel bot auch ein Repertoire an Liebesliedern in der Form des Hohelieds Salomons, das zwar nur unter die kanonischen Bücher aufgenommen worden war, weil es als Gleichnis der Liebe Gottes zu seinem Volk verstanden werden konnte, dessen erotisches Potenzial aber hinter und neben dieser Lesart weiter inspirierte und seine Sprengkraft behielt. Der Kirchenvater Hieronymus erklärte in einem Brief an eine Witwe, die um Erziehungsrat gefragt hatte, kategorisch, dass Jugendliche, vor allem Mädchen, das Buch Salomon auf keinen Fall lesen dürften. Es war vor allem der große Zisterzienserabt Bernhard von Clairvaux, der im 12. Jahrhundert das Potenzial des Hohelieds als Basis einer individuellen, transzendent verstandenen Liebe der einzelnen Nonne zu ihrem Bräutigam Christus fruchtbar machte und es als theologisch-spirituellen Zugang entwickelte, der große Attraktivität entfaltete. Die Andachtstexte der Nonnen sind deshalb voll von Zitaten und Bildern des

Hohelieds, mit denen der himmlische Bräutigam Christus und Maria als Rollenmodell der Braut Christi und erste aller Jungfrauen gepriesen wurden. So wie hier die Lieder des Alten Testaments immer wieder neu verstanden wurden und in neuen Zusammenhängen zur Blüte kamen, war der mittelalterliche Alltag auch von fließenden Übergängen zwischen geistlichen und weltlichen Liedern geprägt.

Die Gesänge des Alltags und der Kirchenfeste folgten einerseits festen Normen, waren aber andererseits auch ganz spezifisch für die einzelnen religiösen Orden wie die Zisterzienser. Sie waren darüber hinaus auf die individuellen Heiligen und die Geschichte eines Klosters zugeschnitten. Wer sich auskannte, konnte die Mönche und die Nonnen am Gesang erkennen. Die Klangwelt des Klosters war vielfältig – und keineswegs nur geistlich, woran sich freilich immer wieder Kontroversen entzündeten. Neben der gesungenen Liturgie, die das Leben der Nonnen begleitete und wo Änderungen zum hörbaren Merkmal von Reformen wurden, betraf das auch die mündliche Überlieferung, die aus der Welt ins Kloster mitgebracht wurde.

Als eine Nonne für ihre Mitschwestern in einem norddeutschen Frauenkloster eine Predigt verfasst, beginnt sie mit einem »hübschen Liedchen«, von dem sie sagt, dass es weltliche Leute »mit Lust zu singen pflegen«. Es erzählt von einem blühenden Apfelbaum, unter dem sich die Liebenden treffen wollen, und sich wünschen, dass der Sommer nie aufhöre, wie es im Refrain heißt: »Und sie soll den Sommer lang meine Liebste sein, das soll sehr lang dauern, lang, lang soll das dauern, noch länger soll das dauern.« Solche Lieder mit Refrains, wie dem hier wiederholten »lang, lang«, werden auch von den Nonnen in ihre Andachtsbücher eingetragen. Dazu zählt beispielsweise auch ein Lied, das die Nonne Winheid 1478 in ihr Andachtsbuch schrieb. In ihm wird erzählt, wie König David selbst mit der Harfe für die Nonnen zum Tanz aufspielt und Maria im Refrain angerufen wird, den himmlischen Tanz anzuführen:

Koningh David, de herpet den danz,	König David spielt Harfe zum Tanz,
he harpet den wol na vlite,	er spielt die Harfe gut und eifrig,
dar uns wol na verlanghen mach:	danach kann uns wohl verlangen,
wat vroude is an hemmelrike!	welche Freude ist im Himmelreich!
Maria, Maria honnichsem,	Maria, Maria honigsüß,
Maria keyserinne,	Maria Kaiserin,
help uns, eddele juncvrouwe fin,	hilf uns, edle feine Dame,
dat we den danz vulbringhen.	dass wir diesen Tanz vollbringen.

(Hildesheim, Dombibliothek, Medinger Andachtsbuch, Ms J 29, fol. 71v)

Weltliche und geistliche Musik im Dialog

Man kann vermuten, dass bei Gelegenheiten wie dem Leinenschwingen Lieder dieser Art dem Anlass entsprechend umgedichtet und tatsächlich gesungen wurden. In ihnen befruchteten sich weltliche und geistliche Liedtexte auf diese Weise gegenseitig – eine kreative und ganz charakteristische Mischung, wie wir sie aus den Nonnenklöstern kennen. Die Liedtexte, die sich beispielsweise im Wienhäuser Liederbuch, einer Sammlung des

15. Jahrhunderts, finden, sind nicht eigentlich anstößig, umfassen aber durchaus Texte mit mildem Spott über den Klerus, bei denen man sich vorstellen kann, dass sie vom Propst mit einem Stirnrunzeln aufgenommen wurden. Das Lied »Eselchen in der Mühle« (*asellus in de mola*) ist ein solches Lied. Es berichtet von einem Esel, der sich beim Müller von der Arbeit abmeldet, um mit seinem »I-a« als Lateinsänger im Chor zu reüssieren und Karriere als Kleriker zu machen: »Ich singe im Chor, um eine große *Pfründe zu erhalten, wenn ich rufe, kommt dabei ›i-a‹ heraus; ich will nicht länger Säcke tragen.« Ein ähnlicher Spott über die liturgische Lese- und Gesangsfähigkeit des Klerus wird auch auf einem Schluss-

Abbildung 9: Esel und Wolf als singende Kleriker auf einem Schlussstein in Kloster Ebstorf, 2. Hälfte des 14. Jahrhunderts

stein im Kreuzgang des Klosters Ebstorf sichtbar, der den Esel auf den Hinterbeinen stehend vor einem großen Lesepult mit offenem Maul zeigt, während in dem aufgeschlagenen Buch vor ihm die Buchstaben I und A zu lesen sind, die er singt. Ihm gegenüber steht ein Wolf als Diakon mit Weihrauchfass und Kerze, der, der aufgerissenen Schnauze nach zu urteilen, mit seinem Geheul einstimmt.

Die weltlichen Lieder anlässlich des Leinenschwingfests wurden auch darum so zum Anstoß für die Gäste aus dem reformierten Kloster Wöltingerode – die kranke Nonne und die ihr zur Hilfe mitgegebene Laienschwester –, weil deren Reformliturgie schlichter und strenger gehalten war und diese Personen der Mehrstimmigkeit oder Begleitung von Instrumenten kritisch gegenüberstanden. Dies war ein entscheidendes weiteres Merkmal der Klosterreform.

Die Reform – eine zweite Gründung des Klosters mit neuen Regeln

Schon daran ist zu erkennen, dass in einem Konvent die Klosterreform einzuführen keinesfalls ein leichtes Unterfangen war. Die Klostergemeinschaften hatten oft eine seit vielen Generationen eingespielte Lebensweise, die sie bisweilen mit allen Kräften verteidigten. Deshalb kam zur Einführung der Reform in der Regel ein Bischof, ein Ordensoberer oder manchmal auch zur tatkräftigen Unterstützung der Landesherr hinzu, um den Nonnen den Ernst der Lage zu verdeutlichen. Sie machten daraufhin als Erstes eine Art Bestandsaufnahme, eine sogenannte

Visitation, die dann mit bindenden Empfehlungen für die Frauen verbunden wurde. Aber anschließend war die Aufgabe der Männer zu Ende. Die Nonnengemeinschaft konkret mit dem neuen Tagesablauf, den Bedingungen strenger Klausur, der Wirtschaftsführung für den gemeinsamen Tisch und der Reformliturgie vertraut zu machen, das konnten sie nicht leisten. Dazu berief man in der Regel Reformnonnen aus benachbarten Konventen, die dann die Amtsschwestern unterwiesen und anleiteten. Zur Reform in ein anderes Kloster gerufen zu werden war eine sehr ehrenvolle, aber manchmal auch schwierige Aufgabe. Die Annahme der Klosterreform bedeutete in den Augen aller Beteiligten einen Neuanfang, sie wurde zu einer zweiten Gründung, wie es nicht nur die Heininger Nonnen auf ihrem Philosophenteppich für die Nachwelt festhalten wollten. Einige der Frauen übernahmen im neuen Konvent Leitungsfunktionen, andere kehrten später in ihr eigenes Kloster zurück, sodass zwischen den Reformkonventen enge Beziehungen entstanden – die Netzwerke der Nonnen!

Aus dem Visitationsprotokoll in Kloster Medingen wissen wir, was die Reformtheologen als die entscheidenden Merkmale eines regeltreuen Klosterlebens ansahen und in einem 16-Punkte-Papier festhielten: Erstens und damit ihnen am wichtigsten war es, das Stundengebet einzuhalten, gleichermaßen tags wie nachts. Im zweiten Paragrafen legten sie die vorbehaltlose Gütergemeinschaft fest. Aller Eigenbesitz war der Klostergemeinschaft zu stiften. Ihnen war zudem wichtig, den direkten Kontakt der Nonnen mit dem säkularen Umfeld zu unterbinden. Dazu sollte ein Sprechfenster mit Drehscheibe (*rotula*) eingebaut werden, das nur mit spezieller Erlaubnis einer zu bestimmenden »Fensterschwester« (*fenestraria*) und der Priorin zu benutzen war (§ 3). Dem Sichtschutz diente auch ein Eisengitter im Beichtstuhl, damit die Abnahme der Beichte ohne direkten Kontakt möglich war (§ 4). Mit der Einführung der strengen Klausur, bei der alle Klostertüren mit doppeltem Schloss zu versehen waren, bezweckten sie, dass die Nonnen das Kloster nicht ohne Erlaubnis verlassen konnten (aktive Klausur) und außer in Gefahrensituationen allen Außenstehenden der Eintritt verwehrt blieb (passive Klausur). Nur Propst und Äbtissin sollten je einen Schlüssel zu treuer Verwahrung haben (§ 5). Der sechste Paragraf verlangte die strikte Durchführung des Schweigegebots, das vollständig im Dormitorium, Refektorium, Chor und Kreuzgang zu halten war. Nach der Komplet und vor dem Ende der Prim sollten nirgendwo Gespräche erlaubt sein. Zudem schrieben sie sogenannte »Schuldkapitel« vor, bei dem die Nonnen im Kapitel die Regelübertretungen, wie zum Beispiel den Bruch des Schweigeverbots, öffentlich vor der Gemeinschaft gestehen und büßen mussten (§ 7). Diese strenge Überprüfung des eigenen Verhaltens in den Bußkapiteln förderte die Fähigkeit der Selbstreflexion der Nonnen und Mönche, weshalb die reformierte Lebensweise nicht zuletzt zu einer hohen Selbstdisziplinierung führte.

Da die Reform eine Umstellung in allen Lebensbereichen erforderte, wollte sie »gelernt« sein. Für Medingen hielt man aus diesem Grund in den Paragrafen 8 bis 13 Folgendes fest: Zwei Zisterzienserinnen aus einem reformierten Nachbarkloster sollten herbeigerufen werden, um die Medinger Nonnen einzuweisen, was »ohne Murren und Widerstand« aufgenommen werden sollte, bis alle mit den Anforderungen des regelkonformen Lebens (*in regulari vita*) vertraut gemacht worden waren. Um zu vermeiden, dass manche Nonnen gut zu essen hatten, weil sie durch ihre Familien besser gestellt waren, während andere im Konvent hungerten, also somit die Standesunterschiede der umgebenden Gesellschaft in die Gemeinschaft durchschlugen, war entscheidender Bestandteil der Reform die gemeinsame Verpflegung aller Nonnen. Diese Gemeinschaftsspeisung sollte im Refektorium eingeführt werden, von geistlichen Lesungen nach dem Lektürekanon der Priorin begleitet. Natürlich mussten die neuen Regeln teilweise auch gegen den Willen Einzelner durchgesetzt werden, weshalb man in Medingen den Einbau einer Bußzelle gemäß Zisterzienserstatuten vorschrieb, um Strafmaßnahmen gegen Widerspenstige ergreifen zu können. Zur Stärkung des Gemeinschaftslebens gehörte auch, dass die kranken Nonnen nicht für die Pflege zu ihren Familien nach Hause gehen mussten: Paragraf 11 verfügte den Umbau eines Raums zur Krankenstube und ordnete zwei Schwestern dazu ab, den Kranken Fleisch, Fisch und was sonst benötigt wurde zu bringen. Etwa 60 bis 80 Nonnen und die Laienschwestern das ganze Jahr über mit allem Lebensnotwendigen zu versorgen war eine große logistische Leistung. Dafür brauchte man die volle Aufmerksamkeit und Arbeitskraft des Propstes, weshalb dessen Residenz- und Anwesenheitspflicht vorgeschrieben war, wenn kein zwingender Grund ihn fernhielt. Schließlich lag es in seiner Verantwortung, dass der Lebensunterhalt für alle Nonnen gewährleistet werden konnte.

Wie man hier schon deutlich erkennen kann, hatte die Klosterreform auch eine ökonomische Seite, denn die

Klostergüter und Einkünfte mussten ausreichen, den gesamten Konvent, die Laienschwestern und Bediensteten zwölf Monate im Jahr zu versorgen. Mit der Annahme der Reform war deshalb eine Reorganisation der Klostergüter verbunden, wobei sich eine professionalisierte Wirtschaftsführung in der Anlage von Rechnungsbüchern zeigte, die die Nonnen nach der Reform oftmals selbst verantworteten. Dabei achtete man streng darauf, dass nicht mehr Mädchen aufgenommen wurden, als die Klosterwirtschaft später als Nonnen zu versorgen in der Lage war. Da die Äbtissin und der Konvent auf ein gutes Verhältnis mit den Familien angewiesen waren, wurde das Problem der Ablehnung von Kandidatinnen auf die nächsthöhere Hierarchieebene ausgelagert, nämlich an den Bischof. Paragraf 14 verfügte die Aufnahme neuer Schwestern nur mit ausdrücklicher Genehmigung des Bischofs, bis eine endgültige Quote festgelegt wäre. Insgesamt musste der gesamte Konvent »regelfest« werden, weshalb man vorschrieb, dass Zisterzienservorschriften und -statuten möglichst schriftlich erworben werden sollten, um klar zu sehen, was zu tun und zu lassen sei (§ 15). Als letzten Punkt thematisierten die Medinger Reformer ein ganz zentrales Anliegen: Insbesondere die Frauenklöster hatten oft weltliche Mädchen nur zur Ausbildung und Erziehung übernommen. Diese Option war bei den Familien sehr beliebt, weil es im Mittelalter für Frauen keine anderen Bildungsinstitutionen gab. Die Familien waren bereit, gut dafür zu zahlen, und die Gemeinschaften waren auf dieses Geld oftmals angewiesen. Das sollte jetzt unterbunden werden, da das enge Miteinander von Mädchen, die später in die Welt zurückkehren und heiraten würden, mit den zukünftigen

Nonnen für Spannungen sorgte. Daher sollten weltliche Schülerinnen nicht mehr aufgenommen werden, damit die Schwestern sich ohne Ablenkung dem Gottesdienst widmen konnten. Nur diejenigen, die in der Zukunft ein geistliches Gewand empfangen wollten, sollten auf Probe eine gewisse Zeit vorher zugelassen werden (§ 16).

Die Klosterreform als Fortschrittserzählung

»*Nach dieser verrichtung ist der bischoff weckgereiset und ihnen cartam visitasionis und neue versiegelung hinterlaßen*«, berichtet die Medinger Chronik in der Abschrift der Äbtissin Clara Anna von Lüneburg aus dem 18. Jahrhundert. Die meisten der hier aufgeführten Punkte sind wohl umgehend umgesetzt worden, wie der Bericht über den Auftrag für die in Paragraf 15 geforderte Zisterzienserregel bei der Lehrmeisterin und für die in Paragraf 9 angeordnete Tischlesung beim *Vicarius zeigt. Eindrucksvoll ist die Umsetzung der Reform vor allem auf der vorletzten Bildtafel visualisiert.

Wie es typisch für die mittelalterliche Tafelmalerei ist, waren Darstellung und Deutung untrennbar miteinander verknüpft. Die Auswirkungen der Reform werden in Vogelschau als sichtbare Zeichen der Erneuerung zusammengestellt. Links steht die Nonne, die für das Essen zuständig ist, und kostet von dem Eintopf, den die Laienschwester, die für das Kochen verantwortlich ist, zubereitet hat. Damit wird markiert, dass jetzt nicht mehr jede Nonne ihr eigenes Süppchen kocht, sondern gemeinschaftlich gewirtschaftet und gegessen wird. Auf dem Kupferstich werden auch die für den Maler, wohl einen in der Stadt ansässigen Künstler, auf den Skizzen angebrachten Beischriften kopiert, die nicht nur die Funktionen der Frauen wie der die Suppe kostenden Mutter Küchen- und Kellermeisterin (Mater celleraria) vermerken, sondern auch die Farben der Gewänder. Auch der Ordenshabit war ein sichtbares Zeichen der Reform, denn der schwarze Schleier (*swarte schepeler*) zum weißen Rock (*witte rok*) für die Küchenmeisterin war erst seit der Reform spitz und markierte sie als Zisterzienserin. Vorher trug sie den weißen runden Schleier, der auch von anderen Orden genutzt wurde.

An der Stirnwand thronen an einem separaten Tisch die Amtsinhaberinnen mit der Äbtissin in der Mitte und der Priorin zu ihrer Rechten, links und rechts sitzt der

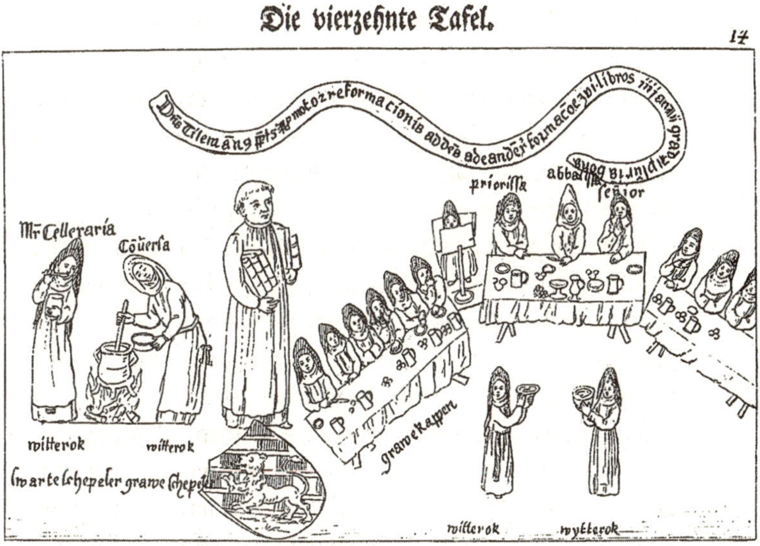

Abbildung 10: Darstellung des gemeinsamen Essens nach der Reform in Kloster Medingen 1478

Konvent an langen Tischen. Im Hintergrund ist eine Schwester auf einem hohen Stuhl mit Lesepult sichtbar, die während des Essens vorliest, um die körperliche mit der geistigen Nahrung zu verbinden, wie in Paragraf 9 der Visitationsakte gefordert – eigentlich eine Praxis, die seit Beginn des Mönchstums bestand, die aber nur praktiziert werden konnte, wenn es eine Gemeinschaftstafel gab. Der angesprochene Lektürekanon der Priorin aus Medingen hat sich nicht erhalten, aber aus mittelalterlichen Bibliotheken wie in Kloster Ebstorf oder der Bibliothek der Dominikanerinnen St. Katharina in Nürnberg wissen wir, dass bei Tisch die für das eigene Leben vorbildhaften Heiligenlegenden, Predigten und regelmäßig Liturgieauslegungen vorgetragen wurden, also Wissen, das für das Verständnis der eigenen Lebensweise unabdingbar war. Der Propst tritt auf dem Bild mit Folianten unter beiden Armen im Refektorium hinzu. Der Begleittext erläutert dazu, dass es sich um liturgische Handschriften handelt, die er in Braunschweig, woher er stammte, für das Kloster in Auftrag gegeben hat. Die im Vergleich zu den Nonnen vergrößerte Darstellung des Propstes bedeutet nicht, dass diejenigen, die den Zyklus entwarfen, die Regeln der Perspektive nicht beherrschten, sondern ist dem mittelalterlichen Bedeutungsmaß geschuldet: Die besondere Wichtigkeit des Propstes für den Konvent und für den Neuanfang der Reform wird hier durch die größere Darstellung veranschaulicht. Mit seinem Wappen, dem ihm vom Herzog verliehenen welfischen Löwen, trägt der Propst nicht nur die liturgischen Bücher mit der Musik, sondern gleichsam die Reform an sich.

Die Netzwerke der Nonnen

Für die praktische Einführung und Unterweisung der Medinger Nonnen in der neuen Lebensform rief man, wie im Visitationsbericht vorgeschlagen, Reformnonnen aus benachbarten Konventen ins Kloster. Die Äbtissinnen aus Derneburg und Wienhausen sowie drei Nonnen und zwei Laienschwestern aus Wienhausen trafen für drei Wochen in Medingen ein, um das Reformwerk in der Praxis ein- und durchzuführen. Während es im Zisterzienserinnenkloster Wienhausen bei der Einführung der Reform zu heftigen Auseinandersetzungen mit Handgreiflichkeiten gekommen war und in Mariensee die Nonnen die Klosterreformer sogar mit lateinischen Gesängen verflucht hatten, sorgte diese Vermittlung dafür, dass der Reformprozess in Medingen offenbar reibungslos verlief. Schon nach wenigen Wochen waren gemeinsame Mahlzeiten eingeführt und die privaten Besitztümer abgeliefert. »Die Jungfrauen brachten alles, was sie bei sich verwahrt hatten, Schmuck, Geld, Bücher etc. zu einer Sammelstelle, überließen den Prälaten und der Priorin ihre Schlüssel, dazu alle von ihnen besorgten notwendigen Viktualien, Fleisch, Fisch, Bohnen, Erbsen, Grütze, Honig, Öle, Butter, Käse etc. Solches alles haben sie fröhlich, gerne und willig verlassen.« Wobei die Chronistin hinzufügt: »aber steht dabey, das fleisch ist doch auch schwach gewesen.« – wohl ein verhüllter Hinweis, der ansonsten ein durchweg positives Bild vom Klosterreformwillen der Nonnen zeichnenden Quellen, dass einige sich doch schwerer mit der Besitzaufgabe als andere taten.

Auch die Fastenregeln konnten natürlich bei einem

gemeinschaftlichen Essen strikter durchgesetzt werden als bei der individuellen Haushaltsführung. Andererseits kamen bei gemeinschaftlichem Essen Köstlichkeiten allen gleichermaßen zugute. So wurde in der Wienhäuser Chronik vermerkt, dass Susanne Potstock, die erste Äbtissin nach der Klosterreform, neben »alle Tage einen halben Krug Bier, aber an denen Fasttagen einen ganzen« für jede Nonne auch »eine gewiße qvantität an Engeber [Ingwer], Feigen und Rosienen zur Adventszeit und in den Fasten, item einen Weitzen Kuchen in den Fasten« ausgab. Brot und Bier musste der Propst liefern, dazu jährlich im Falle Wienhausens 12 fette Schweine, 10 dreijährige Rinder, 30 Hammel oder Schafe, 4 Tonnen frische Butter, 6 Tonnen Heringe, Stockfische, 3 Tonnen Käse, 120 Hühner, Eier, Mandeln, Reis, Gemüse, Milch und anderes mehr.

Susanne Potstock hatte aus Wienhausen personelle Unterstützung mitgebracht. Darunter war Margarete Puffen, eine Nonne des Klosters. Sie wurde noch 1479 im Beisein des Abts von Scharnebeck, des Propstes von Ebstorf und von Lüneburger Ratsleuten in Medingen zur Priorin gewählt, denn die bei dem Reformgeschehen schon bettlägerige alte Priorin Mechtild von Remstede konnte dieses Amt nicht mehr ausfüllen. Margarete wurde offiziell vom Kloster Wienhausen für diese Aufgabe freigestellt. Ein Jahr später bot das Kloster Derneburg dem neu reformierten Kloster die geistliche Freundschaft an, wodurch Medingen offiziell in das Netzwerk der weiblichen niedersächsischen Reformklöster aufgenommen wurde. Die Klöster, die sich gegenseitig bei der Klosterreform geholfen hatten, hielten auch über die eigentliche Reformzeit hinaus weiter den gegenseitigen

Beistand aufrecht. Von Derneburg, dessen Äbtissin zuerst Wienhausen und dann Medingen reformieren half, über Wienhausen bildete sich so eine geistliche Generationenfolge, in der Mutter- und Tochterklöster nicht zuletzt über einen regen Briefverkehr in regelmäßigem Kontakt standen.

In Klausur

Die Klosterreform hatte weitreichende Auswirkungen auf das tägliche Leben der Bewohnerinnen und Bewohner des Klosters, der Konventualinnen, Laien und der Gruppe von Geistlichen und Schülern um den Propst. Die Reorganisation der Klostergüter ermöglichte ein effektiveres Wirtschaften, wovon die notwendigen Umbauten an den Klostergebäuden finanziert werden mussten: gemeinsamer Speisesaal, gemeinsamer Schlafsaal – das Dormitorium –, Mauern, Schlösser und Türen, die für die Einhaltung der Klausur notwendig waren. Der Nonnenchor wurde mit weiteren Stücken sakral ausgestattet. Der Propst durfte danach den Bereich nur noch für die Fußwaschung an Gründonnerstag betreten, und weltliche Gäste waren ab sofort nur noch zu hohen Festen, wie der Einkleidung ihrer Töchter, zugelassen. In der Kirche waren sie jetzt noch stärker von den Nonnen separiert. Dafür wurde der zur Pfarrkirche gehörende Gemeindebereich unter dem Nonnenchor eingewölbt. In einer Anordnung vier Jahre nach der Visitation erinnerte der Bischof von Hildesheim und Verden den Propst an die Verpflichtungen aus der Visitation und wies ihn an, das versprochene Gästehaus zu bauen, damit, wie es hieß, die Klausur umso verbindlicher eingehalten werde.

Die Nonnen durften selbst bei Androhung des Banns keine weltlichen Gäste mehr empfangen und keine externen Schülerinnen mehr betreuen.

Die Chöre der Frauen

Die Nonnengemeinschaft war in zwei Chören organisiert, die sich auf dem Nonnenchor gegenübersaßen, wie beispielsweise in Kloster Wienhausen (Tafel 14) heute noch gut zu sehen ist. Die Liturgie ist ein Dialog – mit Gott, aber auch untereinander. Der Gesang wurde jeweils angeführt von einer Vorsängerin, der Cantrix, und ihrer Stellvertreterin, der **succentrix*, die im Wechselgesang die Antifonen, Psalmen und Gesänge des Stundengebets vortragen, dazu die komplexeren *Sequenzen und Festgesänge etwa für die Osterfeiern. Die Texte und deren Vortragsweise waren in den großen pergamentenen Chorbüchern festgehalten, deren Herstellung teuer und sehr aufwendig war. Wenn die Gesänge des Kirchenjahrs geändert wurden, mussten auch diese Chorbücher neu geschrieben werden. Aus Kloster Ebstorf ist in diesem Zusammenhang die Darstellung der *Guidonischen Hand (Tafel 10) für den Musikunterricht überliefert, und aus den dortigen Handschriften wissen wir auch, dass als Erstes nach der Reform in Nachtschichten die neuen liturgischen Gesänge auf Zettel geschrieben wurden, die von einigen wenigen Nonnen rasch gelernt wurden, um sie dann in zwei Chören von je sechs Nonnen im Wechselgesang vorzutragen, bis die gesamte Gemeinschaft das neue Repertoire beherrschte.

3. Musikunterricht in Kloster Ebstorf

Bücher sind komplexe Zeichensysteme; das gilt umso mehr, wenn sie nicht nur Schrift und Illustration, sondern auch Musiknotation enthalten. Das buchstäbliche Entziffern, Erkennen der Bedeutung und dann die praktische Umsetzung in der Aufführung und Hörbarmachung in Gottesdienst oder Andacht erfordern ein mehrstufiges System. Es sind »erzählende Bilder«, die nicht die Wirklichkeit abbilden, sondern den Betrachtern vielschichtige Sachverhalte in ihrem Bedeutungszusammenhang erklären wollen. Wie dieser Prozess damals funktionierte, wird besonders anschaulich in einer dicht mit Symbolen, Bildern und Texten ausgestalteten Doppelseite aus einer Handschrift für den Musikunterricht in Ebstorf (Tafel 10/11).

Eine Merkhilfe für die Sängerinnen

Die Darstellung der Doppelseite mit der Guidonischen Hand verbindet Skizzen zur Intervall-Lehre mit Definitionen, Merkversen und tierallegorischen Darstellungen. Die Hand, bei der den Gliedern der Finger zum Memorieren Töne zugewiesen werden, soll das Erlernen der liturgischen Gesänge über Intervallvorstellungen erleichtern. Zusammen mit der Treppe rechts, die die Tonleiterskalen veranschaulicht, beruht das Konzept auf der monastischen Musikpädagogik Guidos von Arezzo aus dem 10. Jahrhundert. In den Texten wird erläutert, dass das Verständnis der musikalischen Bestandteile der

»kunstvollen Hand« (*manus artificialis*) sich bei genauer Betrachtung eröffne, wenn man sie nur genau studiere. Das wird durch eine begleitende Tierszene unterstrichen: Ein Affe, der leger mit verschränkten Beinen neben einer Eule sitzt, hält herausfordernd einen Spiegel, in dem sich die Profile beider Tiere samt dem fleckigen Fell des Affen erkennen lassen. Die Szene hält als Bildkommentar den Musikschülerinnen den Spiegel vor: Welchem Tier wollen sie folgen, der weisen Eule oder dem albernen Affen? Die Aufforderung an die Nonnen ist ganz klar: Wer sich der hier angebotenen stufenweisen didaktischen Hinführung zur Musik entzieht, dringt nicht zu den geistlichen Inhalten vor. Die beiden Eichhörnchen rechts davon demonstrieren, wie die Erschließung gehen soll: durch Nüsseknacken, ein beliebtes Bild dafür, dass es sich lohnt, sich durch harte Schalen zum schmackhaften Kern vorzuarbeiten.

Auch auf der linken Seite sind symbolische Tierszenen den beiden Nonnen, der musizierenden und der unterrichtenden, zugeordnet. Die Unterrichtsdarstellung ist überwölbt von einer angedeuteten Dachkonstruktion,

Abbildung 11: Eule und Affe schauen in den Spiegel (Ausschnitt aus Tafel 11).

auf deren Zinnen ein Nest mit zwei Störchen sichtbar ist. Einer füttert die Jungen im Nest, der andere signalisiert mit aufgeklapptem Schnabel und zurückgelegtem Kopf das Einstimmen der Natur in den Schöpfungsjubel. Damit wird auch Aufschluss über den darunter stattfindenden Musikunterricht gegeben. Er ist Teil der liebevollen Aufzucht der Mädchen in der Klausur durch das Vorbild: Die auf dem niedrigen Stuhl sitzende Schülerin fährt mit dem Stylus, ihrem Schreibgerät, die Spur nach, die ihr von der weisenden Hand der Lehrerin vorgezeichnet wird. Auf der linken Seite demonstriert eine Nonne beim Orgelspiel, dass sich die Mühe des Notenlesenlernens lohnt. Es geht beim Musikunterricht generell, wie in den verschiedenen Traktaten aus Ebstorf betont wird, nicht vorrangig um ein theoretisches Aneignen. Im Gegenteil: Die Nonnen sollen das Gelernte anwenden, damit die Feier der Liturgie Freude macht.

Gleichzeitig dokumentiert das Blatt mit den detaillierten musiktheoretischen Diagrammen, der professionellen Notenschrift und nicht zuletzt dem reichen Bildschmuck, was durch die Ausbildung im Kloster auf dem Gebiet der Handschriftenproduktion und -illustration erreicht werden konnte. Schließlich sind das Seitenlayout und der gekonnte Einsatz von Farbigkeit ein Beweis großer zeichnerischer Fähigkeiten. Die Materialien für den langen Herstellungsprozess wurden im Kloster weitgehend selbst hergestellt. Wenn auch Pergament (aus Tierhäuten) und Papier (aus Lumpen) nur selten in den Frauenklöstern selbst produziert, sondern als Schreibgrundlage meist von außen eingekauft wurden, lag die weitere Vorbereitung des Stoffes bei den Schreiberinnen: Sie glätteten und bereiteten das Pergament weiter vor, sie schnitten die

Lagen zu, sie linierten die Schreibgrundlage mit dem Punktierrad, das es erlaubte, mehrere Seiten auf einmal einzurichten, indem ein Rädchen mit Spitzen über die Seiten gerollt wurde. Dazu kochten sie die Tinte, für die sich Rezepte, etwa zum Einkochen von Galläpfeln, erhalten haben, ebenso wie sie die Federn verschiedener Vogelarten für unterschiedliche Strichstärken schnitten, die dann regelmäßig nachgeschärft werden mussten, wenn sie stumpf geworden waren. Schutzumschläge aus Pergament wurden für die Wirtschaftsakten von den Frauen selbst gefertigt. Und auch die mit Leder überzogenen Bucheinbände aus Holz, um das kostbare Pergament oder die Papierblöcke zu schützen und die Handschriften »bibliotheksfähig« zu machen, wurden gelegentlich in den Frauenklöstern gefertigt und repariert.

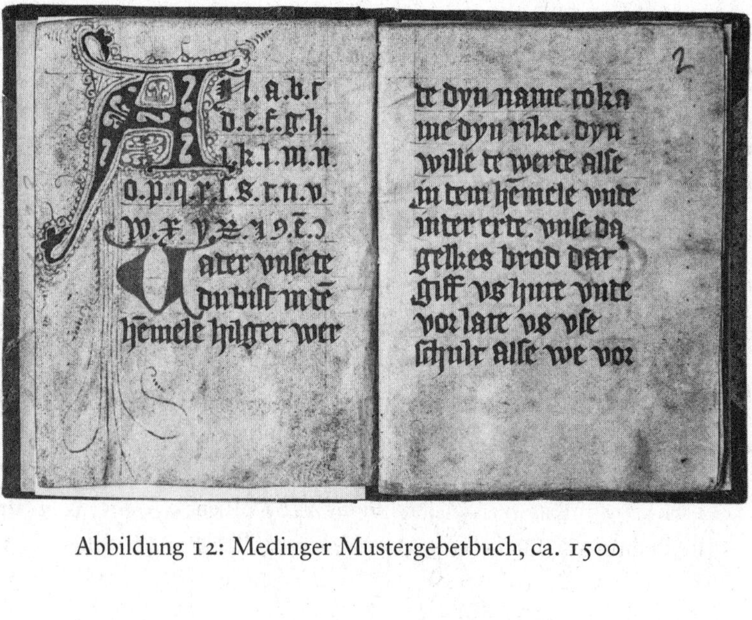

Abbildung 12: Medinger Mustergebetbuch, ca. 1500

Und: Ein Musterheft mit Alphabet, Vaterunser, Ave Maria und weiteren grundlegenden Gebeten auf Niederdeutsch aus Kloster Medingen zeigt, wie auch für die Laienschwestern Vorlagen bereitgestellt wurden, an denen sie sich bei der Erstellung eigener Gebetbücher ausrichten konnten.

Die Reform – eine intellektuelle Schulung

Die Reform der Liturgie im 15. Jahrhundert forderte also eine intensive intellektuelle und musikalische Schulung, die Teil der Gemeinschaftsbildung war. 1495 vermerkte in Ebstorf eine ältere Nonne mit strafendem Blick auf die jüngeren Sängerinnen, sie habe in den 60 Jahren im Kloster noch keinen vergleichbar schlechten Chorgesang gehört. Sie mahnte an: »Befleißigt euch, dass richtig gesungen und gelesen wird, haltet Atempausen und Zäsuren bei Halbversen ein und helft den Vorsängerinnen der beiden Chorseiten getreulich. Sitzt nicht da und schweigt und lasst sie nicht so alleine singen, wie es häufig geschieht! Ihr sollt euch nun dabei anstrengen, es wird sich euch dann schon mit der Zeit erschließen, damit ihr dann umso besser versteht, was ihr tun sollt.«

Dabei gab es klare klösterliche Richtlinien, »wie zu singen ist und wie wir die Psalmen vortragen sollen«, die in Ebstorf zitiert und kommentiert wurden. »Wir sollen die Psalmen nicht in die Länge ziehen, sondern gerundet, mit lebendiger Stimme, das heißt volltönend, eben und gleichmäßig, nicht nachhängend und allzu langsam schleppend und auch nicht zu geschwind singen, damit es nicht leichtfertig und sprunghaft hüpfend klingt. Wir sollen den Vers gemeinsam anheben und gemeinsam beenden und in der Mitte und am Ende des Verses gemeinsam die Pausen einhalten.« Insgesamt: »Wir sollen mannhaft singen.« (*Wy schollet synghen menliken.*) Das meint erst einmal die Vortragsweise des festen, geraden Gesangs, ist aber auch ein bemerkenswerter Anspruch. Gerade nach der Reform sahen sich die Nonnen als Teil einer Gesangskultur, die in Frauen- wie in Männerklöstern gleichermaßen gepflegt werden konnte und sollte.

Es ist also vor allem der Gesang, der im Zentrum der Reform aus musikalischer Sicht steht. Als Musikinstrument ist in den Frauenklöstern nur die Orgel nachweisbar, deren Einsatz nicht unumstritten war. In Wienhausen und Ebstorf versuchten die Reformer das Orgelspiel zu unterbinden, was ihnen neben der Erneuerung der liturgischen Bücher am Herzen lag. Aber wie immer sind Vorschriften und Umsetzung nicht unbedingt gleichzusetzen. In Medingen kam auch nach der Reform sicher zumindest an Ostern eine Orgel zum Einsatz, da es im offiziellen Handbuch der Äbtissin heißt, dass während der Kommunion der Mädchen der *Hymnus »Dies ist die Braut des höchsten Königs« (*Hec est sponsa summi regis*) mit Orgelbegleitung gesungen werden sollte. Und in den Bildtafeln zur Klostergeschichte wird, wie wir gesehen haben (Kapitel III.2), das Orgelspiel als alte Tradition dargestellt. Durchgängig wird das Musizieren in den Quellen – ob nun auf realen Instrumenten oder »auf dem Harfenspiel der Seele«, wie das innere Einstimmen in den Texten genannt wird – als Teil des Engelschores, Menschen und sogar Tiere ergreifenden geistlichen Jubels geschildert. Die Orgeln und Glocken als Jubelinstrumente schwiegen nur in der Karwoche und während eines *Interdikts, wo sie von »hölzernen Glocken« ersetzt wurden, also Zungen einer Standratsche, die das notwendige akustische Signal übernahm, um die Nonnen zum Gebet zu rufen.

Die Klangwelt des Klosters mit Glocken, Orgel und dem Gesang der Frauen, die man hörte, aber nicht sah, muss eindrucksvoll gewesen sein und war sicher einer der Gründe, warum eine Teilnahme an Gottesdiensten in den Kirchen der Frauenklöster auch für Laien attraktiv war. Als die Medinger Schreiberin des Handbuchs für den Propst nach der Klosterreform den Band um weitere Gesänge erweiterte, fügte sie auch volkssprachige Antwortgesänge für die Gemeinde ein und verschriftlichte zum ersten Mal einige der Choräle, die bis heute im Got-

Abbildung 13: Eine Medinger Nonne spielt auf der Orgel, während ein Junge den Blasebalg tritt und die Glocke läutet. Der Text dazu stammt aus dem Ostergesang *Laudes Salvatori*.

tesdienst gesungen werden, wie beispielsweise »Gelobet seist du, Jesu Christ«. An Ostern stimmten die Nonnen auf der Empore den Gesang *Laudes Salvatori* an, und die Laien antworteten aus dem Kirchenschiff nach jedem Vers mit »Christ ist erstanden«. Das wird ausdrücklich theologisch begründet, wenn es zum Osterfest heißt: »Die Laien stimmen in das Lob ein, weil an diesem Tag die ganze Natur jubiliert.« In der gemeinsamen Liturgie wird die Schranke der Klausur überwunden, und der Kirchenraum weitet sich zum himmlischen Gesang. In den Medinger Ostergebetbüchern wird dargestellt, wie am Ostermorgen himmlische Chöre und die Ortsgemeinde gemeinsam singen (Tafel 13): Die Engel singen das Osterlied »Lasst uns heute frohlocken« (*Exultemus et letemur hodie*), die Nonnen stimmen ein mit »Der Tag bricht an« (*Illuxit dies*, eine Zeile aus dem *Laudes Salvatori*), und die Laien antworten, wie sie es im Ostergottesdienst in Medingen taten, mit der deutschen Strophe »Dieser Tag ist so heilig« (*Also heylich is desse dach*).

Der sich jedes Jahr im Rhythmus der Feste wiederholende liturgische Vollzug machte die weiten spirituellen Horizonte jenseits der materiellen Welt begreifbar und erfahrbar und öffnete einen Raum für Reflexionen über die tiefergehende Bedeutung des Lebens. Musik konnte so zu dem Ort werden, an dem Laien und Klosterangehörige zusammenfanden in der gemeinsamen Nähe zu Gott.

V. REFORMATION

Als im Jahr 1525 in der Reichsstadt Nürnberg die Reformation eingeführt und die katholische Messe verboten wurde, schrieb der Nürnberger Patrizier und gelehrte Humanist Willibald Pirckheimer, der sich in den vergangenen Jahren offen zum Protestantismus bekannt hatte, an Ostern einen verzweifelten Brief an seinen Humanistenfreund, den Luthervertrauten Philipp Melanchthon: »Bei dir, mein Philipp, sehe ich mich gezwungen, Zuflucht zu suchen, deinen Rat und deine Hilfe erflehe ich ...«, beginnt er sein Schreiben. Grund für Willibalds Verzweiflung war die Situation des Nürnberger Klarissenklosters, dem seine Schwester, Caritas Pirckheimer, als Äbtissin vorstand und in dem seine Töchter lebten. Man hatte den Nonnen im Advent 1524 bereits die Franziskaner als Seelsorger und Beichtväter genommen und begann nun mit sanftem Druck oder auch mit Gewalt, die Klöster in Nürnberg aufzulösen. Nur die Klarissen weigerten sich standhaft, dem Drängen des Rates nachzugeben: Der protestantische Prediger Andreas Osiander fand in seinem »Ratschlag über die Klöster« vom 31. Mai 1525 deutliche Worte vor allem für die Äbtissin Caritas Pirckheimer: Es werde keinen Frieden in den Frauenklöstern geben, »außer das sie das unkraut zuvor außreutten und die Birckamerin [Caritas Pirckheimer] von dannen schaffen.« Willibald schildert Melanchthon mit bewegenden Worten, wie die Frauen nun lange schon jedes geistlichen Beistands, also der Beichte und Eucharistie entbehrten, und die Priester, die man ihnen zum Ersatz anbot, halte auch er selber für wenig vertrauenswürdig.

Sie führten sich vielmehr gegenüber den armen Frauen so schmähsüchtig und arrogant auf, dass diese eher verstockter würden, als sich zum Besseren zu wenden: »Dieses Geschlecht will nämlich, wie du weißt, überzeugt werden, jedenfalls auf keinen Fall gezwungen.«

Früh wird freilich deutlich, dass Willibald Pirckheimer einen Bruch der Klostergelübde nicht billigen konnte und tiefes Misstrauen gegen die aus dem Kloster »weggelaufenen Mönche« *(ausgeloffenen munch)* und eine Verheiratung der Nonnen hegte. Als Willibald der Tochter Katharina 1525 erlaubte, ihrem Gelübde treu zu bleiben, kann man an der Antwort, »dass sie nicht glaube, in der Kutte selig zu werden, aber doch denke, dass sie ihrem himmlischen Bräutigam darin besser gefalle als in einem Perlenrock«, erkennen, dass sie mit der lutherischen Kritik und dem Standpunkt des Vaters gut vertraut war. Zum Dank nennt die Tochter ihn nicht nur ihren leiblichen, sondern auch ihren geistlichen Vater. Willibalds Kritik am Klosterleben entzündete sich an der theologisch-philosophischen Engstirnigkeit der Bettelordensbrüder, der »unverschämtesten Schnorrer«, die von der Arbeit anderer lebten, bezog sich im systematischen Sinne aber vor allem auf die Werkgerechtigkeit: auf das, in seinen Augen, unverstandene Festhalten an einmal eingeführten liturgischen Riten, den »Ceremonien«, oder an Askese- und Fastenvorschriften, deren Ursprung unklar blieb, während die Protestanten von der bloßen Gnade Gottes, der *sola gratia*, ausgingen und von der Wirkmächtigkeit frommer Werke wenig hielten. Die Kritik der Protestanten bezog sich deshalb vor allem auch auf die päpstliche Ablasspraxis, die in den Jahren unmittelbar vor der Reformation und vor allem im Jubiläumsjahr 1500 geradezu blühte.

1. Der päpstliche Legat kommt in die Stadt

Im Dezember des Jahres 1502 gab es in Braunschweig nur ein Gesprächsthema, nämlich die bevorstehende Ankunft des päpstlichen Legaten und Kardinals Raimund Peraudi, der als hochrangiger Diplomat Papst Alexanders VI. im Jahr 1500 nach Norddeutschland entsandt worden war, um den Jubiläumsablass zu verkünden. Noch hielt sich der Legat in Erfurt und anschließend in Magdeburg auf, führte aber von dort aus bereits Verhandlungen mit der Stadt Braunschweig und dem alten Herzog Wilhelm II. dem Jüngeren von Braunschweig, der im Sommer des kommenden Jahres starb, über seine Aufnahme.

Die Ankündigung des Legaten

Leider ließ die Ankunft des hohen Gastes lange auf sich warten, aber am 18. Februar 1503, einem Samstag, war es plötzlich so weit. Da hieß es in der Stadt, in zwei Tagen werde Kardinal Raimund Peraudi in Braunschweig einziehen. Der gesamte Klerus, so wurde in der Stadt ausgerufen, solle als Ehrerbietung in Prozessionsordnung dem päpstlichen Legaten vor die Tore entgegenziehen, die Zisterzienser aus Riddagshausen und die Benediktiner von St. Ägidien mit ihren Äbten, die Dominikaner und Franziskaner – und zwar alle in vollem kirchlichen Ornat. Auch der Propst der Zisterzienserinnen von Heilig Kreuz mit seinen Kaplänen und Scholaren war geladen. Und in der Tat wurde kein einziger geistlicher Orden Braunschweigs übergangen, nur die Nonnen von Heilig Kreuz blieben ausgeschlossen, wie die Tagebuchschreiberin mit Bedauern feststellt – zum Schutz ihrer Jungfräulichkeit und aufgrund der Klausurverpflichtung. Aber ganz auf die Frauen verzichten wollte man doch nicht. Damit es der Prozession nicht an Glanz fehlte, waren alle Mädchen der Stadt, die die Volljährigkeit erreicht hatten, aufgerufen, an der Prozession teilzunehmen, in schwarzen Gewändern, die Haare mit Kappen und grünen Bändern geschmückt, wobei man einigen angesehenen Witwen die Aufsicht über die Mädchen übertrug. Dabei sollten die reicheren Familien den ärmeren helfen, um ein würdiges Aussehen aller zu gewährleisten. Zu einem hochrangigen Empfang gehörte natürlich Musik, und jeder, der ein Instrument besaß, war deshalb zum Spielen und Singen aufgerufen. Ein glanzvolles, dem Status der reichen und mächtigen Hansestadt Braunschweig angemessenes Empfangszeremoniell für den Kardinal war Ehrensache. Üblicherweise präsentierten sich die Städte zu solchen Gelegenheiten als wohlgeordnete Friedensgemeinschaft in Anlehnung an das »Himmlische Jerusalem«, das biblische Ideal einer städtischen Gemeinschaft, in der alle, arm und reich, glücklich und sicher zusammenlebten.

An jenem kalten Samstag im Februar 1503 hatte der Sohn des alten Herzogs, Heinrich der Ältere von Braunschweig-Lüneburg, den Kardinal in seiner Residenzstadt, dem benachbarten Wolfenbüttel, empfangen. Der Zeitpunkt war günstig gewählt, denn der Kardinal sollte den Herzog am nächsten Tag zum Augustiner-Chorfrauenstift Steterburg begleiten, um während der Messfeier die geistliche Hochzeitsfeier der Tochter Elisabeth zu zelebrieren, die in Steterburg das Habit und die Nonnenkrone empfing, wie es dort Sitte war. Zu der Feier und dem Festessen im Kloster waren auch die Braunschweiger Ratsherren eingeladen, doch als sie ankamen, war die Kirche bereits so voll, dass sie weder einen Platz zum Stehen in der Kirche noch zum Unterstellen ihrer Pferde finden konnten. Nach einigen Stunden kehrten sie deshalb ermüdet und nach wie vor hungrig wieder nach Braunschweig zurück. Das war für sie auch insofern besonders ärgerlich, als der Kardinal allen, die an der Feier teilgenommen hatten, einen vollständigen Ablass ihrer Sünden verliehen hatte. Und damit das Ereignis nicht in Vergessenheit geriet, teilte Raimund Peraudi darüber hinaus all jenen einen großen Ablass zu, die am Jahrestag der Einkleidungsfeier der Herzogstochter das Kloster besuchen würden. Elisabeth sollte einige Jahre später, 1515, als Priorin die Gemeinschaft in Steterburg leiten und durch die schwierigen Jahre der Reformation führen.

Da der päpstliche Legat bereits im nahen Wolfenbüttel war, gingen die Ratsherren in Braunschweig davon aus, dass der Kardinal am folgenden Tag in die Stadt einziehen würde. In großer Eile traf man die Vorbereitungen für die Ankunft. Am Montagmorgen zogen alle, auch die Priester von Heilig Kreuz, geschmückt und geordnet um die sechste Stunde dem Kardinal in einer Prozession vor die Mauern der Stadt entgegen. Und als die Priester aus Heilig Kreuz davongezogen waren, hielt es auch die Bediensteten, Mägde und Präbendare nicht mehr im Kloster, die ihnen nachliefen. »Wir waren leider nicht eingeladen«, notierte die Tagebuchschreiberin, »aber wir hofften trotzdem inständig, dass der Kardinal uns besuchen und uns den päpstlichen Segen und die Absolution spenden würde. Also haben wir uns in der Zwischenzeit intensiv auf seine Ankunft vorbereitet und den Gesang der Osterzeit eingeübt, mit dem wir ihn empfangen wollten.«

Aber dazu kam es erst einmal nicht. Um die elfte Stunde kamen der Propst Georg Knochenhauer und die Kleriker mit ihren Reliquiengefäßen und Weihrauchfässern unverrichteter Dinge in das Kloster zurück, ganz genau so, wie sie losgezogen waren, weil der Kardinal nämlich nicht erschienen war. Die Gemahlin Heinrichs, Herzogin Katharina von Pommern, hatte den hohen Gast nicht ziehen lassen, weil sie wünschte, dass er für sie am nächsten Morgen noch die Messe sang. Also befahlen die Ratsherren, dass sich alle am folgenden Dienstag um die siebte Stunde wieder einfanden, um dem Kardinal Raimund Peraudi ein zweites Mal entgegenzuziehen, wobei, wie man jetzt wusste, Herzog Heinrich selbst mit weiteren hochrangigen Adeligen, Grafen, Bischöfen und Äbten den Legaten feierlich zur Stadt geleiten würde. Das wiederum rief im Rat zwiespältige Gefühle hervor, denn in den Jahren zuvor war es zu schweren Auseinandersetzungen und einer Fehde mit Heinrich dem Älteren gekommen, der bei der Übernahme der stadtherrlichen Gewalt über Braunschweig harte Forderungen gestellt hatte, denen man nicht nachkommen wollte, wie die im ersten Kapitel geschilderte Geschichte von der Flucht der Nonnen vor dem Herzog deutlich macht. Die Sache war also delikat.

Eine prächtige Ankunft – ohne Heilig Kreuz

Zwar »nicht mit blankem Gold wie die Straßen Jerusalems«, so hebt die Zisterzienserin mit einigem Stolz hervor, waren die Gassen und Plätze der Stadt geschmückt, durch die der Kardinal geführt werden würde, »aber doch blank gefegt und vom Schmutz befreit«, die Frontseiten der Häuser mit Teppichen und Fahnen verziert, und in den Fenstern standen Musikanten, die aufspielten. Die Prälaten, Mönche, Kleriker und der Chor der Jungfrauen zogen dem Kardinal am Dienstag nun ein zweites Mal durch das Steintor entgegen und warteten von der achten Stunde am Morgen bis zur ersten Stunde nach Mittag geduldig auf seine Ankunft, wenngleich schon recht ermüdet. Als der Tross sich schließlich der Stadt näherte, intonierte man die Sequenz »Du bist gekommen, Ersehnter« und führte den päpstlichen Legaten mit Pauken und Trompeten durch die Straßen der Stadt bis hin zur Stiftskirche Sankt Blasius in der Herzogsburg zu einem Stadtpalast, den man eigens für ihn hatte errichten lassen. Die Ankunft des Kardinals ließ niemanden unberührt, jeder, der konnte, lief ihm entgegen und erbat seinen Segen, sodass es zu großem Gedränge kam. Und wer nicht bis zu ihm durchdringen konnte, so die Zisterzienserin, der trug schwer daran. Der Empfang des Kardinals Peraudi stellte alle Empfänge in den Schatten, die man in Braunschweig je veranstaltet hatte, so schien es.

Während man im Heilig-Kreuz-Kloster am Dienstag auf die Rückkehr der Kleriker wartete, stiegen die Mägde in ihrer Ungeduld hinauf zu den obersten Fenstern des Schlafsaals der Nonnen, in der Hoffnung, irgendetwas sehen oder hören zu können, allerdings vergeblich. Schließlich kehrten die Scholaren mit den Reliquien zurück und erzählten, wie würdig und fein alles vonstattengegangen war und dass nur die weißen Mäntel der Riddagshäuser Zisterzienser ein wenig schmutzig gewesen seien. Der Kardinal hatte für den Einzug in der Stadt in Anlehnung an die Ankunft Christi in Jerusalem einen Maulesel als Reittier gewählt und erteilte jedem bereitwillig und mit heiterem Gesicht den päpstlichen Segen, bis er seinen Palast erreicht hatte, wo er das Volk entließ. Die Nonnen von Heilig Kreuz waren traurig und enttäuscht, dass sie weder den hohen Gast aus Rom zu Gesicht bekamen noch des päpstlichen Segens teilhaftig wurden. Aber der Propst Georg Knochenhauer hatte ein Einsehen und brach einige Tage später zusammen mit dem Beichtvater der Nonnen, Ulrich Pawes, zur Residenz des Kardinals Peraudi auf, um ihn dazu zu bewegen, die Zisterzienserinnen von Heilig Kreuz in eigener Person aufzusuchen und mit dem päpstlichen Segen zu trösten. Er hatte die Äbtissin zuvor über sein Vorhaben informiert, damit sie das Kloster in der Zwischenzeit mit Teppichen schmücken und für den Besuch herrichten konnte. Als Überzeugungshilfe führten Propst und Beichtvater kostbare Geschenke mit sich, ein vergoldetes Lamm Christi und seidene Pontifikalhandschuhe, die dem Kardinal sichtlich gefielen und die er gerne annahm. Aber er ließ sich dennoch entschuldigen, aufgrund anderer Verpflichtungen könne er ihrer Bitte leider nicht nachkommen.

Diese Nachricht nahmen die Nonnen bei ihrer Rückkehr schwer auf. Die Laienschwestern hatten den ganzen Tag das Kloster durch und durch geputzt, die *Sakrista hatte die *Paramente im Chor ausgelegt und die Kirche mit Teppichen und Wandbehängen geschmückt. Die Mädchen waren in ihren Chormänteln und Schleiern vor Aufregung den ganzen Tag von einer Ecke in die andere gerannt, und nicht wenige des Konvents hatten es ihnen gleichgetan, wie die Tagebuchschreiberin kritisch anmerkt, um zu schauen, was zu tun wäre, wenn er käme, und dabei mit lauter Stimme gesungen. »Besonders für mich war es hart«, gesteht sie in einer seltenen persönlichen Bemerkung ein, »und für die anderen, die den hl. Matthias als ihren persönlichen Apostel haben, weil es nämlich der Tag des Apostels Matthias war.« Was für eine Ehre wäre das gewesen! »Wir hatten alle so hart gearbeitet, das Kloster hergerichtet und den Festgesang eingeübt, dass unsere alten Schwestern lachen mussten und meinten, dergleichen noch nicht erlebt zu haben, solange sie lebten.«

Die Äbtissin unternahm noch einen letzten Versuch und bat den Kardinal schriftlich, die Gemeinschaft der Jungfrauen von Heilig Kreuz durch seinen Besuch zu ehren. Sie schickte ihm zusammen mit dem Brief zwei Marienstatuen, die sie ihn zu weihen und mit Ablässen zu privilegieren bat. Ihre inständigen Bitten bewegten den Kardinal immerhin dazu, dass er versprach, einen seiner Doktoren am Aschermittwoch in das Kloster zu schicken, um den Nonnen den vollen Ablass der Sünden zu spenden und ihnen die geweihte Asche auf das Haupt zu legen. Er weihte auch die beiden Strahlenkranzmadonnen und verlieh jeder von beiden einen hunderttägigen Ablass für diejenigen, die einen Rosenkranz in Andacht vor ihnen beteten. Insgesamt konnte man nun, wenn man die entsprechende Anzahl an Gebeten vor den

Madonnenstatuen sprach, tausend Tage Ablass vom Fegefeuer erwerben, was der Attraktivität der Klosterkirche und der Gemeinschaft zugute kam. Das war allerdings nicht umsonst zu haben. Im Rechnungsbuch der Zisterzienserinnen von Heilig Kreuz wird die hohe Summe von einer Mark, sechs Schillingen und einem Denar für die Ablassbriefe des Kardinals und als sein Trinkgeld aufgelistet. Aber immerhin hielt Peraudi sein Versprechen, und am Aschermittwoch erschien tatsächlich einer seiner Theologiedoktoren im Kloster, der den Nonnen drei Paternoster als Gebetsverpflichtung auferlegte, damit sie alle hundert Tage ein Paternoster für den Kardinal Peraudi, eines für den Papst und eines für die gesamte Christenheit beteten. Die Äbtissin ließ den Doktor zum Abschluss noch zu sich kommen, um sich mit ihm über Fragen des religiösen Fortschritts zu unterhalten. Aber weil sein Latein zu fremdartig war und sie ihn nicht wirklich verstand, musste sie ihn unverrichteter Dinge wieder ziehen lassen.

Der Kardinal blieb vier oder fünf Wochen in Braunschweig, auch deswegen, weil er an Gicht litt. Aber nun, Ende März, wollte er in die nördlichen Provinzen Richtung Bremen aufbrechen. Weil der Gichtanfall noch nicht ganz vorüber war, ließ man ihm einen leichten Wagen bauen, damit er auf der Reise die Schmerzen seiner Glieder weniger spürte. Dann aber kam es zu einem Zwischenfall, an dem die Nonnen nicht ganz unbeteiligt waren. Einige Begleiter des Kardinals wollten die Zisterzienserinnen vor der Abreise besuchen, auch weil sie es nicht geschafft hatten, den Kardinal dazu zu bewegen, zum Heilig-Kreuz-Kloster zu kommen, wie sie immer wieder gebeten hatten. Sie nahmen dafür kurzerhand den

Wagen, den man für den päpstlichen Legaten gebaut hatte, und fuhren damit zum Klosterfriedhof – wo der Wagen prompt zusammenbrach. Der Beichtvater der Nonnen, Ulrich Pawes, bemerkte das Unglück und gab ihnen einen Rat. Er ermahnte sie vor allem eindringlich, wie die Tagebuchschreiberin wusste, »nicht zu uns in das Kloster einzutreten, damit sie unsere Andacht nicht störten, weil es der 21. März, der Festtag des hl. Benedikt, war«. Auch in dem Braunschweiger Heilig-Kreuz-Kloster, das nicht reformiert worden war, hielt man die Klausur sorgsam ein. Ulrich Pawes behielt die Gäste also bei sich, reichte ihnen Erfrischungen und Pfefferkuchen und was er sonst noch so alles im Haus hatte, und das aßen sie ihm alles auf. »Es waren nämlich 15 Theologiedoktoren mit ihren Bediensteten, und er dankte Gott, als er sie am Abend mit Glück und ohne größeren Schaden wieder losgeworden war.«

Zehn Tage nach dem Unfall seines Reisewagens, am 30. oder 31. März 1503, so notiert die Zisterzienserin, »schickte der ehrenwerte und fromme Raimund Peraudi seinen tatkräftigen Poenitentiarius zu uns«, also denjenigen aus seinem Gefolge, der für die Erteilung der Gnadenerweise wie den Ablass zuständig war. »Er gab uns zwei Goldflorenen und bat, dass wir den Kardinal in unsere Gebete einschließen, dass er gesund und in Frieden an den Papsthof nach Rom zurückkehren und dass er die Legation, die er durchzuführen hatte, vollenden könne, wofür ihm Gott gnädig sei. Unsere Äbtissin stimmte dieser Bitte gerne zu, bat den gelehrten Mann aber, dass er seinen Herrn, den Kardinal, demütig bittend bei seinem Aufbruch aus der Stadt so führe, dass er an unserem Kloster vorbeikäme und wenigstens unsere Kirche aufsuche und uns mit seinem väterlichen Segen erfreue. Der päpstliche Poenitentiarius versprach ihr Anliegen treu auszuführen und die Gesinnung und den Weg des Kardinals in unsere Richtung zu lenken. Er war damit erfolgreich und der Kardinal versprach dem Beichtvater Ulrich Pawes, dass er am Samstag, den 1. April, wenn er Braunschweig verlasse, an unserem Friedhof vorbei aus der Stadt ziehen würde. Wenn der Konvent ihm mit den Priestern in Prozessionsordnung entgegenzöge, könnte er, der für den Auszug wiederum auf dem Maultier saß, auf dem er eingezogen war, an uns vorbeiziehen und uns mit eigener Hand den Friedensgruß und den Segen spenden.« Das war der Plan.

»Uns schien das eine große Sache zu sein«, notierte die Zisterzienserin in ihrem Tagebuch, »und so diskutierten wir, dass nicht der Kardinal vielleicht aus einem anderen Stadttor hinauszöge und wir umsonst die Klausur verlassen und uns zum Gespött der Leute machen würden. Also machte sich der Beichtvater noch einmal zum Kardinal auf und erfuhr aus seinem eigenen Mund, dass dieser die feste Absicht hatte, bei seinem Auszug aus der Stadt bei uns vorbeizuziehen und uns einzeln den Friedenssegen zu spenden, indem er uns mit eigener Hand eine Kusstafel mit dem Lamm Gottes und dem Kreuz zum Friedenskuss entgegenhalten würde. Als der Beichtvater das vernommen hatte, ließ er sofort die Äbtissin zu sich kommen, weil die Zeit knapp wurde, erzählte ihr, was er gehört hatte, und wies sie an, wie das alles in Würde und Ehre ablaufen könnte. Die Äbtissin ordnete daraufhin an, dass die Priester mit Kreuzen, Reliquien und Weihrauchgefäßen uns vorangehen und die Sequenz ›Du bist gekommen, Ersehnter‹ intonieren und wir dann im Wechselgesang ›Höre Israel‹ hinzufügen sollten. Wenn sich der Kardinal dann näherte, würde die Äbtissin ein wenig nach vorne treten und sich vor dem päpstlichen Legaten zu Boden werfen, um, sich dann wieder erhebend, seine Hand zu küssen und den Friedensegen zu empfangen. Anschließend sollten je zwei und zwei Nonnen hervortreten, um ebenfalls dessen Hand zu küssen.«

Als der Kardinal dann am Tag des Auszugs den Nonnen noch selbst die Nachricht sandte, dass er sie persönlich aufsuchen und segnen würde, reagierten alle hocherfreut und bereiteten sich darauf vor, dem hohen Gast entgegenzuziehen. Die Äbtissin erlaubte, die feinsten weißen Sonntagsmäntel anzulegen. Die Mäntel, so notierte die Zisterzienserin kritisch, »erwähne ich hier, weil mir scheint, dass wir in Zukunft besser aufpassen müssen, dass wir nicht noch einmal eine solche Unordentlichkeit an den Tag legen. Die eine trug einen sehr kurzen Mantel, eine andere hatte sich einen Pelz über den Mantel geworfen, der Mantel der einen leuchtete weiß, der einer anderen war dreckig und kaputt. Darüber waren nicht wenige unangenehm berührt, weshalb so etwas, wenn möglich, in Zukunft verhindert werden sollte.«

Während der Konvent zusammen mit dem Propst in den eigenen Räumlichkeiten auf die Ankunft des Kardinals wartete, strömten von überallher die Laien zusammen, und es bildete sich eine ungeheure Menschenmenge, die alle Straßen und Gassen zwischen der Residenz des Kardinals und bis zum Friedhof des Heilig-Kreuz-Klosters füllte. Weil sich die Nonnen nicht sicher waren, aus welchem Tor er herausgeführt werden würde, und das Kreuz-Kloster direkt vor den Toren der Stadt lag, hatte die Äbtissin vorsorglich die Mägde losgeschickt, damit sie Bescheid gäben, »wenn der Kardinal aus dem Petritor herausritte, damit wir dann geordnet losziehen könnten«. Aber die Mägde gaben den Auftrag der Äbtissin an die Straßenkinder weiter, die die Nonnen benachrichtigen sollten. Die Straßenjungen wiederum wollten sich aber ebenfalls nicht durch die dicht gedrängte Menge quetschen und stiegen kurzerhand zu den Fenstern eines höheren Hauses hinauf und erblickten von dort die Großen der Stadt, die den Kardinal herausführten, durch die Altstadt kamen und sich dem Petritor näherten. Weil die Straßenjungen nun glaubten, dass der Kardinal den Ratsherren der Stadt direkt folgen würde, rannten sie mit größter Geschwindigkeit zum Kloster, um den Nonnen Bescheid zu sagen, dass der Kardinal herannahe. Der Propst mit seinen Klerikern und Scholaren führte die Prozession mit Weihrauchfässern und Heiligenreliquien an »[...] und hielt am inneren Tor unseres Friedhofs inne. Die Äbtissin mit den ältesten, die mittleren und jüngsten Nonnen zogen zusammen mit den Mädchen und den Laienschwestern in Prozessionsordnung los, sodass niemand im Kloster blieb und alle auszogen, sogar die ganz Alten und die Kranken. So warteten wir fast eine Viertelstunde, um uns herum überall die riesige Menschenmenge, bis einer unserer Bediensteten von der Spitze eines Turms schrie, dass der Kardinal aus einem anderen Tor herausgezogen und schon weit entfernt sei. Als der Propst dessen gewahr wurde, ermahnte er sofort die Äbtissin, dass man sich zurückziehen möge, und er selbst zog mit seinen Priestern in unsere Kirche. Als wir ihnen folgten, hörten wir das Volk lärmen und rufen: ›Oh, was haben wir gesehen? Weshalb hat man die Jungfrauen herausgehen und umsonst diese Schande ertragen lassen?‹«

Ein Teil der Menge rannte noch mit höchster Geschwindigkeit auf einer Abkürzung dem Kardinal nach und schaffte es, sich ihm zu nähern und zusammen mit den Nachfolgenden seinen Segen zu empfangen. »Wir aber, als wir zurückgekehrt waren in das Kloster, haben einander unser Leid geklagt, dass wir verführt und verwirrt worden sind, indem wir uns in unseren Herzen fragten, ob wir es nicht vielleicht unserer Nachlässigkeit und Sorglosigkeit zuzuschreiben hätten, dass wir nun den Segen eines solchen Bischofs entbehren mussten. In der Zwischenzeit kam einer derjenigen zurück, die den Kardinal begleitet hatten, und berichtete uns, dass der ehrwürdige Kardinal, als er aus der Stadt geführt war, sich sorgfältig erkundigt habe, wo das Kloster der Jungfrauen läge, das Heilig Kreuz genannt wird, weil er dort vorbeizuziehen wünsche, und dass er mit großem Unmut und harter Miene die Antwort zur Kenntnis genommen habe, dass das Kloster, das er suche, sich nicht bei diesem Stadttor, sondern bei einem anderen befinde. Und er habe hinzugefügt: ›Damit nicht jene jungfräulichen Nonnen des erhofften Segens entbehren müssen, werde ich ihnen und allen, die mir zu folgen wünschten und es nicht konnten, einen solchen Ablass und einen so großen Segen zukommen lassen wie jenen, die mir gefolgt sind.‹« Er legte für diesen Ablass ein Paternoster als Gebetsverpflichtung auf. Und damit es den Nachfolgenden nicht zweifelhaft erschien: »Wir haben nicht nur von einem, sondern von mehreren gehört, dass der Kardinal sehr böse geguckt und daraufhin den Ablass und die damit verbundene Gebetsleistung verkündet hat«, fügt die Zisterzienserin hinzu.

Wie die Zisterzienserinnen später hörten, begleiteten

die Bürger den päpstlichen Legaten Peraudi bis zur Braunschweiger Landwehr. Dann schickte er sie in die Stadt zurück, wobei sie allerdings nur gezwungenermaßen umkehrten, weil sie ihn ungern verlassen wollten. Der Kardinal zog daraufhin nach Wienhausen, wo er von Herzog Heinrich von Celle empfangen und von ihm zu den Nonnen von Wienhausen geleitet wurde, die ihn sehr würdig und ehrenhaft empfingen und denen er einen Segen spendete und große Wohltaten zukommen ließ.

2. Die Frauenklöster in der Reformation

Wie das Beispiel der intensiven Bemühungen um die Verleihung des Ablasses durch den Kardinal zeigt, war es sowohl den Braunschweiger Bürgern als auch den Nonnen sehr wichtig, an dem kirchlichen Gnadensegen teilzuhaben. Keinesfalls hatte die Religiosität in der Gesellschaft vor der Reformation abgenommen, sondern im Gegenteil: Die Kirchenreform des 15. Jahrhunderts hatte sie intensiviert und vertieft.

Der Ablass als Bußpraxis

Was hat es mit dem Ablass auf sich? Der Ablass gehört zur Bußpraxis, die aus mehreren Schritten besteht: erstens der Reue des Herzens (*contritio cordis*) über die eigenen Untaten, zweitens dem ausdrücklichen Sündenbekenntnis (*confessio oris*) und drittens der Tilgung der zeitlichen Sündenstrafen (*poenae satisfactionis*), die sonst im Fegefeuer erlitten werden müssten. Zusammen bilden diese drei Schritte das Bußsakrament. Mit dem Ablass werden nicht die Sünden selbst vergeben, sondern die sogenannten zeitlichen Sündenstrafen, die bestehen blieben, auch wenn die Sünde selbst getilgt war – und die man vor allem sonst im Fegefeuer abbüßen müsste. Das Fegefeuer wurde als Zeit der Läuterung der Seele vor dem Jüngsten Gericht verstanden, wenn Gott endgültig über die Seelen der Menschen urteilte. Man konnte nach katholischem Verständnis diese zeitlichen Sündenstrafen durch Gebete, Almosen oder Pilgerfahrten selbst »abarbeiten« oder sich eben mit einem Ablass freikaufen: Hierfür gab man der Kirche Geld oder Stiftungen, damit sie aus ihrem Gnadenschatz, also den Reliquien, für den Sünder eintrat und für ihn einen Erlass seiner Sündenstrafen erwirkte, ihn sozusagen mit dem unendlichen Gnadenschatz der Kirche vom Fegefeuer erlöste. Für diesen Akt gab der sündige Mensch der Kirche sein Geld, und es gab den durchaus sarkastisch verstandenen Spruch: »Wenn das Geld im Kasten klingt, die Seele aus dem Feuer springt!«

Die Klausur benachteiligte die Nonnen zwar insofern, als sie sich nicht unmittelbar dem Legaten nähern konnten wie ihre weltlichen Verwandten, aber andererseits verlieh sie ihnen auch eine exklusive Sonderstellung. Als besondere Mittlerinnen zwischen Gott und der Welt, als Bräute des höchsten Königs Christus, die durch ihre Gebete das Seelenheil der Menschen erbaten, hatten sie in der mittelalterlichen Gesellschaft einen hohen Status, den ihnen niemand streitig machen konnte – bis die protestantische Reformation die gesamte theologische Grundlage des Klosterlebens infrage stellte. Zentraler Punkt der lutherischen Theologie war, dass kein Mensch sich selbst Gnade verdienen kann, auch nicht durch ein frommes Leben und gute Werke, wie es das Klosterleben par excellence darstellte. Während man sich vorher einig war, dass die Fürbitte der Heiligen und auch die Gebete der Nonnen der Seele im Fegefeuer halfen und sie vor den Qualen erretteten, waren sich die Protestanten sicher, dass auch die Fürbitte der Heiligen nichts nützte, da sie als nicht biblisch verankert und spätere Erfindung durch die Kirche zurückgewiesen wurde. Durch die Streichung der Vermittlungsfunktion und die Fokussierung allein die individuelle Gnade Christi wurde das Gebet der Nonnen entwertet und dem Klosterleben, das von der immerwährenden Fürbitte für die Gemeinschaft der Gönner und ihrer Familien lebte, eine wichtige Grundlage entzogen. Martin Luther lehnte die Klostergelübde als ungültig ab, da sie seiner Meinung nach einen Handel mit Gott darstellten. Wer arm, gehorsam und keusch leben wollte, konnte das weiterhin tun, aber es handelte sich nicht mehr um eine verpflichtende lebenslange Bindung an eine Institution.

Umgekehrt war das, was die Reformation attraktiv für viele Laien machte, nämlich die Eröffnung neuer Teilhabeformen an theologischem Diskurs und aktiver Mitgestaltung des Gottesdienstes, nur von begrenztem Wert für die Frauen im Kloster. Sie brauchten keine deutsche Übersetzung, um biblische Texte lesen zu können, ebenso wenig wie volkssprachige Choräle, um in der Kirche in den Gesang einzustimmen, oder deutschsprachige Messerklärungen. Sie schrieben bereits seit Langem ihre eigenen Psalterien, sangen Hymnen und Sequenzen im Gottesdienst und hatten sich ausreichende theologische Kompetenz angeeignet.

Zwischen Beharren und Erneuerung

Während die Klosterreform das religiöse Leben der Mönche und Nonnen intensiviert und mit neuen Bedeutungshorizonten gefüllt hatte, bedeutete die protestantische Reformation den Bruch mit dem Glauben an die heilssichernde Wirkung der Gelübde. Das war neu und keinesfalls unumstritten. Viele Nonnengemeinschaften widersetzten sich deshalb erbittert dem Versuch, der ihnen die gewohnte Lebensform und Lebensgemeinschaft entzog. Eine Anekdote aus Kloster Medingen beleuchtet das. Als 1524 Herzog Ernst von Braunschweig-Lüneburg ein niederdeutsches Neues Testament nach Kloster Medingen schickte, soll es die Äbtissin Elisabeth Elvers im Brauhaus verbrannt haben. Die Klostergeschichte des protestantischen Pfarrers Lyßmann aus dem 18. Jahrhundert, der die einzige Quelle dafür bietet, führt den Vorfall als Rechtfertigung für das Machtwort des Herzogs an, den Klosterbesitz zu beschlagnahmen, »als er Nachricht von dem wider das heilige Bibelbuch bezeigten blinden Eifer bekam«. In dem detaillierteren Bericht erscheint der Vorgang als Akt der Verblendung der Äbtissin, die die Bekehrung der Klostergemeinschaft zwar auf die Dauer nicht verhindert, aber verzögert hat:

»Somit fieng auch endlich zu ihrer Zeit die evangelische Wahrheit an, durch die von Luthero angefangene Reformation allmählig an das Licht zu kommen, wiewohl die Äbtissin für ihre Person derselben jederzeit bis auf ihre letzte Stunde [26. Mai 1524] abhold gewesen ist. Der weltgepriesene Fürst Ernestus Pius gab sich zwar alle Mühe, die evangelische Reformation wie in seinem ganzen Lande, also auch besonders in unserm Closter einzuführen, schickte auch Anno 1524, um erstlich einen Grund dazu zu legen, die im vorigen Jahre von dem seeligen Luthero verfertigte und zu Wittenberg gedruckte Übersetzung des neuen Testaments in niedersächsischer Sprache hieher, um darinnen sowol für sich, als öffentlich über Tische zu lesen. Allein der blosse Nahme Lutheri war schon genug, ihr das ganze Buch verhaßt zu machen; daher sie ohne langes Bedenken damit zum

Brauhause gieng, und es in das allda angelegte Feuer warf.«

Was der evangelische Pfarrer als Ausdruck einer irrationalen Antipathie interpretierte, stellte sich für die Nonnen als Abweisung einer widerrechtlichen Einmischung des Herzogs in geistliche Angelegenheiten dar. Gerade das lateinische Textstudium war Ausdruck des geistlichen Selbstverständnisses der Nonnen, wie in den Maßnahmen der Klosterreform (Kapitel IV) deutlich wurde. Aus der Sicht der Nonnen überschritt der Herzog deutlich seinen Kompetenzbereich.

Die weitere Entwicklung des Konflikts in Medingen ist typisch für das Ringen um eine gangbare Lösung für Frauenklöster in Territorien mit evangelischen Landesherren. Es kam zur Eskalation unter der Nachfolgerin der Äbtissin, die kurz nach dem Brauhausvorfall ihr Amt antrat. Mit Margarete Stöterogge übernahm Ende 1524 für 43 Jahre eine starke Frau das Amt, die wie ihre Vorgängerin Bürgermeisterstochter war. Die Väter beider Äbtissinnen, Dietrich Elvers und Hartwig Stöterogge, waren als Bürgermeister eng dem Kloster verbunden und wirkten unter anderem als Testamentsvollstrecker für den Medinger Propst. Sie wachten dabei darüber, dass das Kloster nicht gegenüber den Verwandten des Propsts benachteiligt wurde, und kannten sich genaustens mit den Vermögensverhältnissen des Klosters aus. Margarete Stöterogge teilte noch unmittelbar die Erfahrungen der Klosterreform: Sie trat 1504 noch unter Margarete Puffen ins Kloster ein, die, als sie 1513 starb, in lateinischen Hexametern auf ihrem Grabstein als »Erneuerin« oder buchstäblich »Reparateurin« des Ordenshauses (*reparatrix hujus ordinis domus*) gepriesen wurde. Margarete

Stöterogge wurde wie ihre Vorgängerin in einem Kloster erzogen, das über eine exzellente theologische und musikalische Ausbildung verfügte, und hatte sicher eine Weile die mit der Reform geschaffene neue Rolle der Tischleserin, die der jeweils jüngsten Nonne zufiel, inne. Auf die fortgesetzte Provokation seitens des Herzogs reagierten beide Äbtissinnen entsprechend mit einer kollektiven Antwort des Konvents und der weiteren Familiennetzwerke. Eine besonders enge Zusammenarbeit bestand dabei mit dem unmittelbar vor den Toren Lüneburgs gelegenen Benediktinerinnenkloster Lüne, über dessen Umgang mit den Reformationsavancen des Herzogs wir durch den reichen Briefwechsel aus der Zeit ungewöhnlich gut unterrichtet sind; die Medinger Äbtissinnen sind dabei besonders häufige Briefpartnerinnen, da sowohl Elisabeth Elvers wie Margarete Stöterogge an Verwandte in Kloster Lüne schrieben und sich mit Mechthild Wilde, die dem Konvent als Priorin vorstand, regelmäßig zu rechtlichen Fragen wie Pfründenbesitz oder dem Vorgehen gegenüber dem Herzog austauschten.

Der Konflikt mit dem Herzog

Gleichzeitig mit dem Eingriff in die geistliche Oberhoheit des Konvents forderte der Herzog von Propst Mahrenholz, die Propsteigüter zu inventarisieren. Das war für alle protestantischen *Kirchenregimenter üblich, denn der Landesherr war schließlich auch der oberste Kirchenherr in seinem Territorium. Die Klostergemeinschaft sah das naturgemäß anders. Mahrenholz fertigte die Liste im gleichen Jahr unter Protest an, versicherte sich aber der

Rückendeckung des Gesamtkonvents, der wiederum in Absprache mit dem für sie zuständigen Verdener Ortsbischof Christoph von Bremen, der zugleich Bremer Bischof war, handelte. Vor allem aber wurden die Nonnen vom Lüneburger Rat unterstützt, der sich zu großen Teilen aus ihren nächsten Verwandten zusammensetzte. Die weiteren Ein- und Übergriffe des Herzogs erfolgten Schlag auf Schlag: 1529 wurde der Propst abgesetzt und durch einen nur dem Herzog unterstellten Hauptmann ersetzt. Damit wurde das Wahlrecht des Klosters vollständig abgeschafft. Mit dem Propst wurden alle Priester und Scholaren entlassen und den Nonnen nur ein Beichtvater gelassen. Als das nichts an der Haltung der Nonnen änderte, wurden 1536 Teile des Klosters abgerissen, symbolträchtig gerade die Klausurmauer, die erst 1518 unter Elisabeth Elvers fertiggestellt und als Schlussstein des Reformprozesses errichtet worden war, nachdem es vorher nur einen Holzzaun als Abgrenzung gegeben hatte.

Die Mauer markierte die in der Reform geforderte monastische Abgeschiedenheit ebenso wie die Ausgrenzung weltlichen Einflusses. Dieses Symbolpotenzial nutzte Herzog Ernst für seine Machtdemonstration. Mit einem Drittel der abgerissenen Steine dieser Mauern ließ er das Fürstenhaus in Medingen als Witwensitz für die Herzogin bauen und in Sichtweite des Klosters an der Fassade sein eigenes Konterfei als Porträt im antiken Stil anbringen. Aus der Sicht des Konvents waren die Handlungen des Herzogs eine Gegenreform zu ihrer eigenen, der Klosterreform: Durch seinen »Rückbau« des Klosters wurde das äußere Zeichen der Klosterreform, die Klausur, geschleift. Mit der Zerstörung des von Propst Ulrich von Bülow erbauten Glockenturms und dem Abschneiden der Schlegel an den anderen Glocken verstummte das äußere Zeichen des Gotteslobs, mit dem Festtage und Gottesdienst der Nonnen weithin hörbar markiert worden waren. Die Strenge der Klausur- und Regeleinhaltung, die in der Klosterreform erreicht worden war, wurde durch das Aufbrechen des Nonnenchors gestört. 1542 kam es zu einem neuen Höhepunkt in der Auseinandersetzung: Der Herzog unterband allen Verkehr der Frauen mit Lüneburg und der Nachbarschaft und zerbrach damit das familiäre Netzwerk. Er zitierte die Äbtissin nach Celle, um die Propsteigüter endgültig einzuziehen. Daraufhin floh Margarete Stöterogge zeitweilig nach Hildesheim in das nächste katholische Territorium und nahm vorsichtshalber die Rechtstitel des Klosters mit, die Urkunden und Privilegien des Klosterarchivs. Einige der Handschriften des Klosters befinden sich deshalb heute in der Dombibliothek Hildesheim.

Ein lutherischer Prediger als Herausforderung

Am schwersten aber wog die Einsetzung eines verheirateten lutherischen Predigers, der ein ehemaliger Mönch war. Von den Nonnen wurde er entsprechend »entlaufener Mönch« (*ausgeloffen münnich*) bezeichnet, also jemand, der in ihren Augen den Professeid gegenüber Gott gebrochen hatte und deshalb meineidig war. Die Interpretation der Ereignisse aus der Perspektive der Nonnen kommt in den Beschwerdebriefen zum Vorschein, die sie an Bischof Christoph von Bremen richteten. Der Bischof erwirkte daraufhin einen Schutzbrief Kaiser Karls V., der in einem Brief an Herzog Ernst von Braunschweig-

Lüneburg vom 29. Februar 1544 die Argumente der Nonnen aufgriff und ins grundsätzlich Anti-Lutherische wendete. Die Beschlagnahmung der liturgischen Bücher und Andachtstexte hindere die Nonnen an ihrem reformierten Gottesdienst; stattdessen werde ihnen nur »lutherische verbotene, verdammte neue Lehre« gepredigt. Für sie sei es, wie der kaiserliche Brief es ausdrückte, »Verjagung, Verhinderungen und Irrungen ihres hergebrachten christlichen Wesens, Ausrotten, Verderben, Nachteil und Schaden«.

Aufschlussreich für die Auseinandersetzung mit dem neuen Glauben in Medingen ist besonders der Beschwerdebrief des Klosters an die fürstlichen Statthalter und Räte in Celle vom 1. Juni 1553, nur ein Jahr vor der offiziellen Annahme der lutherischen Reformation, gegen den lutherischen Prediger. Darin wurde der Pfarrer nicht mehr grundsätzlich, sondern nur wegen seiner spezifischen Unfähigkeit abgelehnt: Drei Jahre lang habe man *Prädikant Bierwirt »mit Fleiß zugehört, doch sei man leider wenig davon erbaut«, da er zwar einiges Nützliche gepredigt habe, »doch immer viel unnützes Zeugs hineingemischt, verteufelt, verflucht und dem Satan mit Leib und Seele hingegeben und noch viele weitere gräuliche Ausdrücke, die wir gar nicht anführen mögen« (*jummer vele unnutte sage manckt gemenget, vormaledyet, vordomet und dem sathan mit lyve und zele hennegeven und noch vele gruwelicke wordt, de wee thomale nicht mogen anthen*). Die Nonnen verweisen als Zeugen auf den vom Herzog eingesetzten Hauptmann Franz Enghusen, der die Funktion des Propstes übernommen hatte. Er könne bestätigen, dass es unerträglich sei, den Predigten zuzuhören, und dass sich alle Nonnen weigern würden, das

Sakrament von ihm zu empfangen: »Wir sind deshalb so verstimmt, dass wir uns seinen Predigten nicht mehr aussetzen können. Keine von uns ist auch bereit, von ihm das Abendmahl zu empfangen.«

Die Äbtissin schlug dem Herzog vor, Johann Linde aus Uelzen als Ersatz einzusetzen, der versprochen habe, das Abendmahl *unter einerlei Gestalt, also nur in Form des Brotes, auszugeben und als Beichtvater zu fungieren. Sie hätten Predigten von ihm probegehört und könnten sich an ihn zur Not gewöhnen, während Prädikant Bierwirt sie in seinen Predigten wie in allem anderen »belästigt« (*molestert*) habe. Die entscheidende Bitte aber betraf ihre eigene Beteiligung an dem gottesdienstlichen Geschehen: »Wir bitten aber darum, Ihr wollt uns weiterhin Messe, Introitus, Kyrie, Gloria und Präfation auf Latein singen lassen; dass wir auf Deutsch all diese Gesänge singen sollen, das gedenken wir nicht zu tun, denn wir sind die lateinischen Gesänge gewohnt.« Sie wären also nicht bereit, für die gewohnten liturgischen Stücke das feierliche Latein gegen Deutsch auszutauschen.

Die Nonnen hatten damit Erfolg; der ungeliebte Prediger wurde am 6. März 1554 durch den verlangten Johann Linde ersetzt, und die Messgesänge blieben lateinisch. Das Beharren auf den Stücken aus der Messe im vertrauten Wortlaut verweist auf die Wichtigkeit der Liturgie als ein identitätsstiftender Teil des Klosterlebens der Frauen, der gerade in der Klosterreform des 15. Jahrhunderts wieder gestärkt worden war. Die Andachtsbücher, die in Kloster Medingen nach 1479 geschrieben worden waren, zeigen, wie die Nonnen sich darin geübt hatten, ausgehend von den lateinischen Messtexten neue Meditationen und geistliche Übungen zu verfassen. Eines der Apostelgebetbücher zeigt anschaulich, wie die Medinger Nonnen um jede Nuance dieses geistlichen Erbes mit den Vertretern der lutherischen Reformation rangen. In dem jetzt in London im Victoria & Albert Museum liegenden, Peter und Paul gewidmeten Andachtsbuch sind systematisch einzelne Wörter und Phrasen radiert, die von der Vorstellung ausgehen, dass die verstorbenen Heiligen bei Gott für die Menschen eintreten, die sie anrufen. So ist das etwa in einem auf Lateinisch verfassten, an Christus gerichteten Gebet sichtbar. Mitten in »verleihe mir den Geist der Weisheit und des Verständnisses« ist nach »mir« »durch Petri Fürbitte« ausradiert. Um die im Kloster selbst geschriebenen lateinischen Meditationen und Gebete weiter nutzen zu können, waren die Nonnen anscheinend bereit, bei den besonders umkämpften Gebieten der Heiligenverehrung nachzugeben. Die Rasuren passen zu den Punkten, die von Luther etwa 1530 in der zusammen mit dem »Sendbrief vom Dolmetschen« veröffentlichten Abhandlung über die Fürbitte der Heiligen angegriffen wurden. Sie erlaubten es, die Praxis der persönlichen Beziehung zu den Aposteln als Schutzpatronen fortzuführen, die für sie von besonderer persönlicher Bedeutung war. Somit konnten 95 Prozent des Andachtstextes weiter bestehen. Einen ähnlichen Eingriff zeigt der von der damaligen, gleichzeitig mit Elisabeth Elvers in das Kloster eingetretenen Cantrix Margarete Hopes geschriebene Psalter. Das Gebet, das sich an ihren Schutzapostel Johannes den Evangelisten als Fürsprecher und Mittler richtete, wurde herausgeschnitten und durch ein niederdeutsches Gebet ersetzt, das sich an Gott, den Vater, richtet und sich auf Christus als Fürsprecher und Hohepriester beruft. Die Hand, die dieses

Gebet hinzufügte, ist der der jungen Margarete Hopes ähnlich, nur zittriger, sodass durchaus angenommen werden kann, dass die Kantorin selbst ihr persönliches Psalterexemplar an die neue Situation anpasste, um im vertrauten Format weiterhin das Stundengebet zu singen.

Lateinische Bildungs- und niederdeutsche Volkssprache

In den meisten Nonnenklöstern kann man im Spätmittelalter Zweisprachigkeit voraussetzen, also neben dem Lateinischen, das für die Liturgie notwendig war, die Volkssprache, und so hatte sich die Schreibtätigkeit auch in Medingen über Jahrhunderte lateinisch wie niederdeutsch entfaltet. Es war also keine grundsätzliche Ablehnung von Deutsch als Sprache der Frömmigkeit, die sich in dem Votum für die lateinische Liturgie ausdrückte, sondern die Frauen verteidigten sie, weil sie als *lingua sacra* die »Sprache der Weisheit« war, mit deren Wortlaut und Auslegungstraditionen sie vertraut waren, und das gelehrte Latein sie von den Frömmigkeitsformen der Laienwelt unterschied. Aber eben jenen Unterschied zwischen Laien und Religiosen aufzuheben war das Bestreben und die Intention der Protestanten. Aus den Briefen aus Kloster Lüne wird deutlich, dass auch die anderen Frauenklöster der Region auf dem gewohnten Latein beharrten. In Kloster Lüne führte das zu einem Parallelgottesdienst: Während der vom Herzog bestellte lutherische Pfarrer unten in der Klosterkirche für die Lüneburger Gemeinde auf Deutsch predigte, setzten die Nonnen auf dem Chor ihre gewohnten lateinischen Gebete fort;

nach Entlassung des Klerus hielten sie auch die gesamte Messe in Eigenregie ab, indem sie jede für sich in stillem Lesen die Teile ergänzten, die sonst vom Klerus gesprochen wurden.

Die Nonnen lenken ein – und behaupten sich

Wie lange sich der Widerstand gegen die evangelische Reformation hinzog und wie er sich gestaltete, hing von Ordenszugehörigkeit, den katholischen Kirchenstrukturen, der Rechtsstellung und der Zusammensetzung des Konvents ab. Entscheidend aber waren darüber hinaus wohl die familiären Beziehungen der Konventualinnen. In Medingen war es die patrizische Zusammensetzung des Konvents mit exzellenten Beziehungen zum reformationsskeptischen Lüneburger Rat. Wie Willibald Pirckheimer aus Nürnberg und seine Schwester, die gelehrte Äbtissin Caritas Pirckheimer, standen auch die Väter, Brüder und andere Verwandte der Medinger Klosterfrauen im gelehrten Austausch mit ihren Angehörigen und erörterten mit ihnen schriftlich die kontroversen theologischen Themen. Die Verwandten der Nonnen verwalteten als *Sülfmeister der Lüneburger Saline den Reichtum, aus dem sich das Kloster finanzierte, und sie hatten kein Interesse daran, diese Familienstiftungen kampflos dem Herzog zu überlassen. Erst als sich die Einstellung der Lüneburger ratsfähigen Familien zur Reformation änderte, bewegte sich auch etwas im Kloster.

Die öffentliche Annahme der *Augsburger Konfession, also des Protestantismus, in Medingen verdankte sich letztlich der Korrespondenz der Äbtissin mit ihrem

Bruder Nikolaus Stöterogge. Er verstand, was auch schon Willibald Pirckheimer geschrieben hatte: Die Frauen wollten überzeugt und nicht gezwungen werden! Ganz in diesem Sinne nutzte Nikolaus Stöterogge geschickt in einem Brief vom Juni 1554 die von seiner Schwester verteidigten lateinischen Hymnen als Überzeugungsmaterial und wies mit einer Strophe des Thomas von Aquin, die im Kloster zu Fronleichnam und in der Fastenzeit gesungen wurde, darauf hin, dass die »zweifache Gestalt« bereits von der alten Kirche gepriesen worden sei. Er setzte auch sonst persönlich an und schickte seiner Schwester »zur gelegentlichen Unterweisung« (*pro informatiuncula*) eine Flugschrift, die ihn selbst, der »vorzeiten auch im Dunkeln und Blindheit gewandert«, bekehrt habe, dazu ein Büchlein (*eyn bokeschen*), zum Abendmahl von Urbanus Rhegius, der als Reformator in Lüneburg tätig war.

Urbanus Rhegius selbst schrieb vier Jahre später einen »Sendbrief an den ganzen Jungfrauenkonvent des Klosters Wienhausen gegen den unchristlichen Gesang *Salve Regina*«. Darin wies er darauf hin, dass das Konzil von Laodicea im 4. Jahrhundert explizit von Laien verfertigte Gesänge in der Kirche sowie das Verlesen von anderen Texten als der Heiligen Schrift verboten habe, führte noch zwei weitere Konzilien an und schloss daraus, dass ein Ungelehrter das *Salve Regina* verfasst haben müsse, da es gegen die zehn Gebote und gegen das Evangelium verstoße, wenn Maria so zu einer »Göttin« gemacht werde. Auch Maria selbst würde dagegen protestieren. Die Argumentation ging dahin, dass keiner der Kirchenväter das Salve Regina erwähnte, weder Augustin noch Chrysostomus. Diese falsche Entwicklung sei eine Sache der ungelehrten Bischöfe. In Medingen wie in Wienhausen lenkten die Nonnen nach der theologischen Auseinandersetzung ein und signalisierten ihre Annahme der lutherischen Reformation. In Medingen erklärten sie sich noch 1554 bereit, auch den Kelch beim Abendmahl zu akzeptieren. Durch die Annahme sicherten sich die Nonnen eine weitgehend unbehelligte Fortführung des geistlichen Lebens mit Mitspracherecht bei der Besetzung der Pfarrstelle und Fortführung der lateinischen Stundengebete und Messliturgie.

Die Zeugnisse des Klosterlebens nach 1556 zeigen, dass die Lebensform in der geistlichen Substanz und in der Alltagserfahrung zum größten Teil die Gebräuche des Klosters des 15. Jahrhunderts fortführte. Noch im späten 17. Jahrhundert wurde an hohen Festtagen eine Marienstatue ausgestellt, unter der eine lateinische Inschrift Maria als Königin des Himmels pries und um Fürbitte bat. Erst Äbtissin Catharina Priggen, die 1681 bis 1706 dem Kloster vorstand, ließ die Inschrift durch einen Text aus dem Hebräerbrief in der Übersetzung der Lutherbibel ersetzen – aber die Marienstatue wurde weiterhin an Festtagen auf dem Nonnenchor aufgestellt, und die Marienfeste und die der Klosterheiligen wurden weiter gefeiert. Wenn in den Zeugnissen der frühen Neuzeit die Rede von der »hergebrachten Gewohnheit« ist, dann wird damit der Status quo seit der Klosterreform des 15. Jahrhunderts bezeichnet – etwa die gemeinsame Tafel, die bis 1698 weitergeführt wurde. Und immer noch herrschte die Medinger Äbtissin den mittelalterlichen Krummstab mit Maria und dem heiligen Mauritius.

Für die Lüneburger Frauenklöster und eine weitere Gruppe von niedersächsischen Einrichtungen zahlte es sich aus, dass sie sich besonders in der Reform ein so engmaschiges Netzwerk an Verbündeten aufgebaut und ihr theologisches Arsenal gepflegt hatten. Während sonst in vielen protestantisch gewordenen Territorien alle monastischen Einrichtungen unterschiedslos aufgehoben wurden, wurde in Niedersachsen mit dem Fortbestand der Nonnenklöster als evangelische Einrichtungen ein Kompromiss gefunden, der es erlaubte, eine als wichtig empfundene Lebensform und Bildungseinrichtung für Frauen unter veränderten Vorzeichen zu bewahren. Der Generalkonvent der Äbtissinnen evangelischer Klöster und Stifte in Niedersachsen ist eine sehr aktive Gruppe, die die Netzwerke in die Gegenwart fortführt.

3. Eine Vision zur Reformation

Ein Bildzeugnis aus Kloster Lüne (Tafel 12) zeigt in besonderer Weise die Umbrüche, aber auch Kontinuitäten der Reformationszeit. Die Vision der Dorothea von Meding wurde wohl Anfang des 17. Jahrhunderts gemalt, veranschaulicht auf dem Gemälde aber Ereignisse aus dem Jahr 1562. Zu dem Zeitpunkt hatte Kloster Lüne sich bereits offiziell der lutherischen Reformation angeschlossen, aber die alte Lebensform war weiterhin präsent. Das Gemälde ist betitelt als »Ein Trostbild des gekreuzigten Jesus Christus, das die ehrwürdige edle, viel ehr- und tugendreiche Jungfrau Dorothea von Meding, *Domina des Kloster Lüne nebst etlichen anderen Jungfrauen im Jahre 1562 am Philippi- & Jakobi-Tage des Abends nach sechsen, eben wie es hier gemalt, gesehen hat in den Wolken«.

Altgläubige und evangelische Nonnen im Bild

Zu sehen ist eine Gruppe von Frauen, weitgehend in Rückenansicht, die auf der Innenseite der Klostermauer stehen. Alle Frauen sind in schwarze Gewänder gekleidet, wie es dem Habit der Benediktinerinnen entsprach, aber unterscheiden sich durch ihre Kopfbedeckung. Die beiden am nächsten zum Betrachter stehenden Frauen, die dadurch größer als die anderen wirken, tragen schwarze Schleier mit den deutlich darüber erkennbaren Stoffstreifen der Nonnenkrone (Tafel 3). Die anderen Frauen haben einen weißen Schleier, wie ihn auch Bürgersfrauen von Stand trugen und wie er zur Kleidung der Frauen bis in die Neuzeit gehörte. Die abweichende Schleierform markiert den Unterschied zwischen den *Altgläubigen, die die Nonnenkrone als Zeichen ihrer Erwählung zur Braut Christi beibehalten haben, und den evangelisch gewordenen Frauen, die das Zeichen des ewigen Gelübdes abgelegt haben, aber sich weiterhin als Gemeinschaft mit religiöser Zielsetzung begreifen, auch wenn sie den mit dem Klostereintritt verbundenen Verdienstcharakter ablehnen. Die links stehende kleinere Figur soll wohl die junge Dorothea sein, denn sie blickt so hoch empor zu dem über der Gruppe schwebenden Kreuz, dass sie im direkten Blickkontakt mit Christus ist, der zu ihnen herabschaut. Außer ihr blicken die beiden altgläubigen Nonnen und noch mindestens zwei weitere Frauen nach oben, wohl die »etlichen anderen Jung-

Abbildung 14: Ausschnitt aus Tafel 12 mit der Erscheinung des gekreuzigten Christus aus der Vision der Dorothea von Meding 1562, gemalt um 1623, Gemälde auf dem Nonnenchor in Kloster Lüne

frauen«, von denen in der Überschrift die Rede ist, während der Rest der Gruppe mit zum Beten gefalteten Händen nach unten schaut – entweder ist ihnen durch ihre Gebetsversenkung die Erscheinung in den Wolken entgangen, oder sie meditieren schon darüber.

Der Text des Gemäldes

Die Vision, die in der langen Tradition mittelalterlicher geistlicher Visionen steht, sagt viel über das Selbstverständnis der Frauen nach der Reformation aus. Das Bild wurde in Ehren gehalten, wie einerseits die Neurahmung der Leinwand zeigt und andererseits die Tatsache, dass es mindestens seit dem 18. Jahrhundert auf dem Nonnenchor aufbewahrt wird. Die lange gereimte Inschrift unter dem Titel funktioniert wie ein Spruchband der Dorothea von Meding, mit dem sie Christus anredet und um eine Erklärung der Erscheinung bittet. Sie vermutet, die Darbietung der Wunden Christi solle auch die letzten Zweifel ausräumen, dass die lutherische Lehre Gottes Wort richtig repräsentiere, während das »listige« Papsttum gestürzt werden sollte. Sie beruft sich auf die Erlösung durch das Blut Christi und auf seinen Trost durch Wort und Sakrament auf Erden und im Jüngsten Gericht:

»Sag mir, o mein Herz Jesu Christ, wenn's meiner Seele nicht schädlich ist, warum hast du zur Abendstund' gezeiget mir dein' heilig' Wund? Ich denke zwar, es ist gescheh'n, dass jedermann sollt' klärlich sehn, weil Gott Luthers Wort und Red' auch wollte geben dieser Stätt', du wollt'st die Lehr früh und spat ausbreiten weit mit klugem Rat, das Papsttum aber stürzen gar mit seiner falschen list'gen Lehr.«

Der Text ist auf Hochdeutsch abgefasst, das im Laufe des 16. Jahrhunderts im norddeutschen Raum das Niederdeutsche in offizieller Schriftlichkeit ablöste. Das war eine Folge sowohl des allmählichen Niedergangs der Hanse wie der starken Verbreitung hochdeutscher religiöser Druckschriften durch die Reformation, auch wenn die Verwechslung von Dativ und Akkusativ bei der Wendung »an deinen Tod Freude finden« den Einfluss des mündlichen Platts verrät. Bemerkenswert ist, dass aber inhaltlich diese Anrede an den als »Trostbild« erscheinenden Christus bis auf die antikatholische Spitze und die Erwähnung Luthers wortwörtlich so in den Andachtsbüchern, die im Zuge der Klosterreform des 15. Jahrhunderts entstanden, stehen könnte. Dorothea von Meding hatte zwar die Nonnenkrone abgelegt, aber die unmittelbare Verbindung zu Christus, seinem »rosenfarbenen« Blut und vor allem die stark visuell geprägte innere Andacht sind keine Neuerung der lutherischen Reformation, sondern eine Fortsetzung der Klosterschulung, die sie durchlaufen hatte. Die Konventualinnen waren darauf vorbereitet, in Liturgie und Andacht Christus zu begegnen, der ihnen seine Wunden zeigte, wie er sie dem Apostel Thomas gezeigt hatte; der in ein Gespräch mit ihnen eintrat, wie er es mit Maria Magdalena und mit der Braut des Hohelieds tat; und der sich den geschulten Augen des Geistes im Sakrament darbot. Die Frauen hatten in jahrhundertelanger Tradition auch gelernt, sich anhand der Offenbarungen Birgittas von Schweden innerlich nach Bethlehem zu versetzen und bei der Erhebung der Hostie durch den Priester gleichsam das Kind aus der Krippe zu heben. Auf dem Nonnenchor hatten sie seit eh und je liturgische Osterfeiern aufgeführt, bei denen sie sich dem Altar als dem Grab Christi näherten. So wurden auch die Wolken des Himmels als Zeichen für sie lesbar und ließen sie den Dialog mit Christus aufnehmen. Ob nun vor oder nach der Reformation: Dieses Zwiegespräch war weiterhin der rote Faden ihrer Gebete, die zu den traditionellen Gebetszeiten vollzogen wurden.

Unter der Oberfläche der lutherischen Polemik gegen die »listige Lehre« des Papsttums sprechen also Text und Bild von der Kontinuität des Gemeinschaftslebens, das sich weiterhin in dem Rhythmus der Heiligentage bewegt, wo der 1. Mai als Fest der heiligen Walpurga und der Apostel Jakobus und Philippus vermerkt wird, der Alltag durch Gruppenrituale wie das gemeinsame Aderlassen geprägt ist und religiöse Erlebnisse die Gemeinschaft als Ganzes betreffen. Über die Generationen und Bekenntnisse hinweg haben die beiden Nonnen mit dem schwarzen Schleier und die links zwischen ihnen stehende Frau mit dem weißen Schleier die Hände in paralleler Anbetungs- und Staunensgeste erhoben und bezeugen damit, dass der persönliche Dialog, den Dorothea von Meding mit dem Gekreuzigten führt, ein Teil der die Reformation überdauernden Gemeinschaftserfahrung ist.

VI. EINE GEMEINSCHAFT IN LEBEN UND TOD: KRANKHEIT UND STERBEN IM KLOSTER

Die Pflege der Armen, Kranken und Sterbenden gehörten unverrückbar zum Klosterleben dazu. Bereits die ersten Frauenklöster des 6. und 7. Jahrhunderts im Merowingerreich wurden zusammen mit Hospitälern gegründet, in denen Arme, Pilger und Kranke Aufnahme fanden. In vielen Fällen wurden sie über Jahrhunderte von Frauen betrieben. Auf dem bekannten St. Galler Klosterplan vom Anfang des 9. Jahrhunderts ist beispielsweise eine Krankenstube für die dortigen Benediktiner vorgesehen. Und die gute Ausstattung der Krankenhäuser gehörte zu den Anliegen der Klosterreform. Der Umgang mit Tod und Sterben war selbstverständlicher Teil des Klosteralltags. Nicht zuletzt waren die Fürbitte für die Toten und die Pflege der Familiengrabstätten eine zentrale Aufgabe der Nonnen, wenn nicht sogar ihre wichtigste, die häufig schon in den Gründungsurkunden verankert war.

Die Netzwerke der Nonnen ermöglichten sowohl einen Austausch über Behandlungsmethoden wie eine Teilhabe am Totengedenken durch die Gebetsverbrüderungen. Es gab einen Unterschied zwischen der gelehrten Medizin, die Ärzte ausübten, die man in schweren Fällen ins Kloster rief, und – wir würden heute sagen – Naturheilkunde, über die in den Klöstern vielfach großes Wissen tradiert wurde.

1. Vom Sterben des Einzelnen und in der Gemeinschaft

Nach langer Krankheit

Seit über 20 Jahren hatte die Priorin Remborg Kalm die inneren Angelegenheiten des Heilig-Kreuz-Klosters geregelt, die Disziplin im Konvent überwacht und Streitigkeiten geschlichtet oder die Äbtissin bei Krankheit oder Reisen vertreten, als sie Anfang des Jahres 1506 einen Knoten in der linken Brust entdeckte, groß wie eine *nobbeke*, wie eine Nuss, der tief im Fleisch lag. Als sie um Rat fragte, was dagegen zu tun sei, riet man ihr, die Brust mit heißem Wasser zu behandeln. Sie fragte auch bei den Verwandten nach, die sich ihrerseits bei mehreren anderen Frauen erkundigten, was man tun könne. Die eine riet dieses, die andere jenes. Unterdessen verschlimmerte sich die Sache sehr. Die Brust schwoll an, wurde heiß und rot, so hart wie ein Stein. Und die Priorin wurde so schwach, dass sie kaum noch gehen und stehen konnte, aber sie ging und stand doch immerzu auf, so gut sie konnte. Dann ging aber alles ganz schnell.

Am 6. Januar, an Epiphanie, so erzählt es die Tagebuchautorin, wurde sie so sterbenskrank, dass sie Beichte und die Kommunion nehmen wollte, aber sie verschob beides dann wegen der Fastenzeit bis zum 16. Januar, wenn der Konvent bei der Äbtissin in der Abtei essen würde. Am Vorabend dieses Termins kamen Freunde und schlugen ihr irgendetwas Neues zur Behandlung vor, sodass sie darüber vergaß, die Beichte abzulegen. Am selben Abend verschlechterte sich ihr Gesundheitszustand rapide, und der Tod kam rasch und auf schnellen Füßen. Sie war kaum noch in der Lage zu beichten. In der elften Stunde kam der Beichtvater mit der letzten Ölung, schlug das Kreuz über sie, und sie starb. »Wir waren so entsetzt und vor Angst gelähmt, dass wir nicht die Sterbeliturgie lesen und beten konnten, wie es sich bei der letzten Ölung und beim Sterben geziemt. Aber wir läuteten sofort die Glocken und begruben die Priorin am nächsten Tag.« Die Äbtissin Mechthild von Vechelde, die ebenfalls darniederlag, stand vom Krankenbett auf, kam am folgenden Tag zur Kapitelsitzung hinzu und verteilte die Ämter neu, so wie es notwendig war.

Nach einem plötzlichen Unfall

Der Konvent trug aber nicht nur die Verantwortung für die Nonnengemeinschaft, sondern für die ganze Klosterfamilia. Dementsprechend berichtet die Zisterzienserin auch von einem anderen Ereignis im Kloster: Ein Jahr zuvor hatte der Scholar Nikolaus, der immer bei allen Arbeiten zur Hand war, bei den Bauarbeiten im Kloster helfen wollen, als er von einem herunterfallenden Balken zu Boden geworfen wurde und wie tot liegen blieb. Zutiefst erschreckt schüttete man kaltes Wasser auf den Armen und brachte ihn so schnell wie möglich zum Kloster, damit die Laienschwestern zu ihm kommen und seinem Körper und seiner Seele helfen könnten. In der Zwischenzeit bahrte man ihn wie einen Toten in der Propstei auf. Man rief den Beichtvater, denn als man den Scholaren mit kaltem Wasser übergossen hatte, war er wieder ein wenig zu sich gekommen und hatte geantwortet. Aber als der Beichtvater ihm helfen und seine Sünden erfragen wollte, da wies er ihn erbost und unter Geschrei zurück, eingedenk einer Auseinandersetzung, die er mit dem Beichtvater einige Tage zuvor gehabt hatte. Es wurde ein Arzt herbeigerufen, und die Laienschwestern, die dem Armen zu Hilfe geeilt waren, kehrten in das Kloster zurück. Der Arzt begann den Scholaren mit Binden einzuwickeln, damit die Glieder heilen konnten, aber als er am nächsten Tag zurückkehrte und sah, dass der Scholar einen epileptischen Anfall bekommen und den Verband zerrissen und abgestreift hatte, weigerte der Arzt sich, ihn weiter zu behandeln. Der arme Scholar war so verletzt und gequält durch die schrecklichen Schmerzen, dass alle Anwesenden vor Mitleid zu Tränen gerührt wurden und den Armen kaum ansehen konnten in seinem Leid. »Und so gab es niemanden, der es bei ihm aushielt mit Ausnahme eines einzigen alten Weibleins, die unsere Präbendarin war. Sie allein stand ihm in allem in dieser schrecklichsten Zeit seiner Krankheit bei. In den drei Tagen, seit er gefallen war, ging es ihm immer schlechter, sodass wir nicht nur an seinem Leben zweifelten, sondern den Tod als Erlösung seiner Misere erhofften.«

Mit Staunen verfolgte der Konvent die weitere Entwicklung: »Unser Propst Georg Knochenhauer kümmerte sich persönlich um den Scholaren und sang für ihn an Pfingsten die heilige Messe, heiter und mit fester Stimme, als sich die Sache plötzlich zum Guten wandte, und es schien, als sei der Scholar von der Rechten Gottes berührt worden. Von dem Tag an begann es ihm immer besser zu gehen, und die Krankheit verließ ihn so vollständig, dass viele später sagten, er habe niemals wirklich epileptische Anfälle gehabt, weil diese nicht vollständig verschwänden, sondern immer etwas davon zurückbleibe. Und einige meinten, dass jene Anfälle, die Krämpfe der Glieder und das Aufschlagen des Kopfes, daher rührten, dass man ihn ganz am Anfang, als er leblos dalag, mit eiskaltem Wasser übergossen hatte. Aber als ihn der Propst am Montag nach Pfingsten besuchte, befiel ihn wieder die alte Krankheit, an der er später auch gestorben ist, und darüber hinaus war er mit Blindheit geschlagen, sodass er mit offenen Augen nichts sehen konnte. Als unsere Äbtissin das erfuhr, besuchte sie ihn noch am selben Tag und ermahnte ihn, dass er sich dem Willen Gottes füge, sich mit den heiligen Sakramenten stärke und Testamentsvollstrecker rufe, um sein Testament zu machen, was er auch bereitwillig tat. Am Freitag legte er die Beichte ab, die Priester kamen mit der letzten Ölung und der Kommunion, gefolgt vom Konvent. Der kranke Nikolaus bat den Konvent unter Tränen, ihm alle seine Nachlässigkeiten, die er als Scholar begangen hatte, zu verzeihen. Der Propst und die Priester sangen alternierend mit dem Konvent am Bett des Scholaren die Sterbegesänge, die Litanei und die Kollekten. Als der Konvent sich zurückzog, blieb die Äbtissin bei ihm und sprach mit ihm über so einiges, was der Gemeinschaft von Nutzen sein könnte, aber es half nichts leider, nichts von dem blieb in seinem Kopf haften.« Und deshalb wurde in seinem Testament die Nonnengemeinschaft, bei der er gelebt hatte, zu ihrem Kummer nicht bedacht.

Dem kranken Jungen wurde jetzt eine Witwe an die Seite gegeben, die ihm Tag und Nacht Beistand leistete und dafür sorgte, dass es ihm an nichts fehlte. Bis zu seinem Tod blieb sie an seiner Seite, aber als er gestorben war, wollte sie sein Zimmer nicht eher verlassen, ehe sie nicht einen angemessenen Lohn erhalten hatte. Es wurde auch nochmals ein Arzt geholt, der aber nichts ausrichten konnte und trotzdem nach dem Tod des Scholaren bezahlt wurde. »Unser Propst Georg Knochenhauer hatte unter seinen Scholaren und Priestern nämlich einige sehr reiche und einflussreiche Männer, die Verwandte des Scholaren Nikolaus gewesen waren, sodass dieser Priester geworden wäre und im Laufe der Zeit die Pfarrstelle an St. Michael und dann unsere Propstei hätte übernehmen können, weshalb sie ihm immer gerne zu Willen waren. Sie haben ihn, als er noch gesund war, und dann, als er krank war, häufig besucht, und ihm mit Rat und Tat zur Seite gestanden. Diese Männer wählte der Scholar nun, als er krank war, zu seinen Testamentsvollstreckern und machte sein Testament nach ihrem Willen. Ohne Wissen und Zustimmung der Äbtissin und unseres Konvents hat er ihnen und anderen vieles vermacht und versprochen, was sie alles nach seinem Tod von uns bis zum letzten Heller fordern und erhalten würden.«

Die Medizin hat in der modernen Gesellschaft vor allem seit den letzten 200 Jahren enorme Fortschritte gemacht, sodass Sterben und Tod heute in den Hintergrund gerückt sind. Zuvor war der Tod ein fester Bestandteil des täglichen Lebens. Die Nonnen verfügten bei Krankheit und dem Tod der Einzelnen über generationenlange Erfahrung, und es hatten sich in den Klöstern Trauer- und Sterberituale herausgebildet, durch die das Sterben von den Lebenden intensiv begleitet wurde. Im Sinne einer Gemeinschaft von Lebenden und Verstorbenen durch gemeinsames Gedenken hoffte man den Tod zu überwinden. Man starb nicht allein, und so ist zu erklären, warum stets jemand an des Scholaren Bett wachte und alle anderen Sterbegesänge, Litanei und Weiteres sangen. Und so wird klar, wie das Festhalten am Leben (Medizin) und das Loslassen (Spende der letzten Sakramente) Hand in Hand gingen. Der Tod, das wusste man, liegt nicht in des Menschen Hand. Die Kunst, Trost zu spenden, verstanden die Nonnen in besonderem Maße. Die Lüner Briefsammlung umfasst Hunderte von Trostschreiben zum Tod geliebter Menschen, und bisweilen zeigen die Antwortbriefe, dass sie ihre Wirkung keinesfalls verfehlten. Dass damit trotzdem der Wunsch einherging, als Kloster nach dem Tod des Betreffenden finanziell bedacht zu werden, stand dem nicht entgegen. Aber es gab auch Situationen, in denen eine solch rituelle Begleitung nicht mehr möglich war. Dabei denkt man zu Recht an Epidemien und Seuchen, vor allem an die immer wieder in Europa grassierende Pest.

Die Pest kommt nach Braunschweig

Bei einem Ausbruch von Epidemien und Seuchen waren die Gemeinschaften besonders vulnerabel, weil man im Kloster ebenso wie in der Stadt auf engem Raum zusammenlebte. Die Unkenntnis über die Erreger der schwarzen Pest, die nach dem großen Ausbruch 1348 in Europa endemisch geworden war, aber auch anderer ansteckender Krankheiten führte dazu, dass man dem Phänomen fast hilflos gegenüberstand. Während die wohlhabenden Bürger der Städte vor den immer wiederkehrenden Pestwellen aufs Land flüchten und sich retten konnten, hatte die in Isolation lebende Nonnengemeinschaft kaum eine Chance, wenn eine Krankheitswelle sie traf.

Die ersten Jahre des 16. Jahrhunderts waren deshalb für die Gemeinschaft des Heilig-Kreuz-Klosters eine schwere Zeit: Anfang des Jahres 1507 brach eine Hundeseuche aus, an der ihre besten Hunde erkrankten. Die Nonnen schrieben Gebete wie das *Responsorium »Das Wort ist Fleisch geworden« oder »Du, der du Menschen und Tiere errettest« und anderes auf Zettel, und die Laienschwestern gaben den Hunden diese Zettel mit Brot und Butter zu essen – woraufhin sich die Seuche, so wird es überliefert, tatsächlich legte. Im Frühjahr 1507 notierte die Tagebuchschreiberin die letzten Zeilen auf das Pergament ihres ehemaligen Gebetbuchs, als die Pest in der Stadt Braunschweig zu wüten begann. Seit den großen Pestwellen brach sie in größeren oder kleineren Intervallen immer wieder vor allem in den Städten aus. Persönliche Zeugnisse vom Ausbruch der Pest vor allem in Klöstern sind sehr selten. Auch der Tagebuchschreiberin blieb offensichtlich nicht mehr viel Zeit: »Die Mädchen, Knechte und viele Mägde starben daran, und sehr viele sind erkrankt, von denen einige wieder gesundeten. Zu dieser Zeit weihte der *Suffragan des Hildesheimer Bischofs den Friedhof von Sankt Martini in der Stadt, sodass unsere Äbtissin ihm das Kreuz über der Kapelle beim Chor zugeschickt hatte, damit er es weihe. Er verlieh dem Kreuz einen großen Ablass und besuchte uns persönlich aus Zuneigung, wobei er unseren Ablass aus eigener und aus bischöflicher Gewalt verdoppelte und dem Konvent die Absolution und Segen im Nonnenchor erteilte. Zu dieser Zeit wurden unsere Prokuratoren, Gerd Hollen und Cord Broysem, ohne Wissen und Zustimmung des Propstes und unserer Äbtissin abgesetzt, und es wurden uns zwei neue gegeben, nämlich Werner Lafferdes und Cord Breyer, die wenige Wochen später beide an der Pest starben.«

Es wäre interessant zu wissen, was weiter geschah. Doch das Tagebuch der Zisterzienserin von Heilig Kreuz bricht auf Blatt 238 unvermittelt mitten im Satz ab, nachdem sie mehr als zwei Jahrzehnte, seit 1484, ihr Leben im Kloster aufgezeichnet hatte. Ihre letzten Worte lauten: »Zu Pfingsten im Jahr 1507 starb unser Bäcker an der Pest. Wenige Tage später erkrankte Elisabeth Kalm so schwer an der Pest, dass sie noch am selben Abend die Beichte ablegte. Am nächsten Tag nahm sie die Kommunion, empfing die letzte Ölung und starb noch am selben Abend. Nach der Vesper wurde sie in die Kirche getragen, und am nächsten Morgen haben wir sie begraben. Wenig später ist Katharina Kampe an der Pest erkrankt, sie war sechzehn Jahre alt und hatte schon die Nonnenkrönung empfangen. Am Abend fiel sie in einen so tiefen Schlaf, dass wir sie nicht mehr aufzuwecken vermochten. Drei Tage später wachte sie wieder auf, öffnete die Augen und machte ein Zeichen, dass sie Durst habe, aber sie war kaum bei Sinnen und konnte wenig sprechen. Der Beichtvater trat allein ein zu ihr, erfragte die Beichte und machte ein Zeichen der Buße und spendete ihr den letzten Segen. Sie konnte kaum trinken und starb am folgenden Samstag in der Nacht. Dann starben unser Unterbäcker und der Scholar Hermann mitten in der Nacht …« – Dann bricht der Text ab. Die Tagebuchschreiberin erkrankte und starb wohl selbst. Nur mitzuteilen vermochte sie es nicht mehr.

2. Heilkundliches Wissen und Sterberituale

Wie der Umgang mit der krebskranken Priorin und dem verunglückten Scholaren zeigt, forderten Krankheit und Tod die Nonnen auf doppelte Weise heraus: Es ging um die praktische Behandlung der Krankheit ebenso wie um geistliche Begleitung des Leidenden. Für beides war eine spezialisierte Ausbildung erforderlich. Während nur die Ärzte über gelehrtes Wissen verfügten, die man in ernsten Fällen in das Kloster rief, gehörte heilkundliches Wissen zum Schulstoff und festen Wissen im Kloster, wie zahllose Medizin- und Rezeptsammlungen mit lateinischen Kurztraktaten zu Themen wie Harnbeschau, Informationen zu Pestsymptomen oder Arzneibücher in den Bibliotheken zeigen. Solches Wissen wurde dann von der Krankenabteilung des Klosters angewendet, wo die Siechenmeisterin für Prophylaxe, Arzneimittel und Diätetik der Kranken zuständig war, deren Pflege zusammen mit den Laienschwestern geleistet wurde.

Die Vier-Säfte-Lehre in der Anwendung

Die Behandlung im Kloster folgte überwiegend der *Vier-Säfte-Lehre und den daraus diagnostizierten Temperamenten der Menschen. Aussehen und Verhalten eines Menschen zeigten jeweils die Oberhand eines bestimmten »Saftes« an – ob also Blut, Schleim, gelbe oder schwarze Galle im Übermaß vorhanden waren. So verfügten die Sanguiniker über zu viel Blut und waren durch trockene Hitze gekennzeichnet, waren also »heißblütig«; dagegen hatten die Melancholiker zu viel von der feucht-kühlen schwarzen Galle, die zu Depressionen führte. Es galt also, die jeweiligen Krankheitsbilder auf ihre Feuchte und Wärme hin zu analysieren, um herauszufinden, welches Kraut im Wortsinn dagegen gewachsen sein könnte. Bei Magenschmerzen etwa empfahl das in Lübeck 1483 von Bartholomäus Ghotan gedruckte niederdeutsche *Promptuarium Medicine* (»Vorratsspeicher medizinischen Wissens«), das in Kloster Wienhausen im 15. Jahrhundert abgeschrieben wurde, Muskat, Galgant, Kalmus, Gewürznelken oder Ingwer zu verabreichen. Echter Galgant, eine dem Ingwer verwandte Pflanze, enthält scharf schmeckende ätherische Öle, die verdauungsanregend, krampflösend, bakterien- und entzündungshemmend wirken können, und wurde daher ebenso wie die Nelken oder der normale Ingwer zu den »trocken-heißen« Gewürzen gezählt. Es wurde und wird entsprechend in asiatischer ebenso wie in mittelalterlicher Heilkunst eingesetzt, um »feucht-kalte« Beschwerden wie Magenschmerzen zu behandeln. Umgekehrt sollte feucht-kaltes Holunderwasser gut gegen jede Art von Hitze im menschlichen Körper sein.

In den Rezepten und Anweisungen zur Arzneizubereitung findet sich eine erstaunliche Vielzahl von Zutaten. Manche der Anwendungen für Alltagserkrankungen leben als Hausmittel weiter, ob eine schlichte Salzlösung oder Gewürze, wie sie teilweise immer noch in den Kräuterbeeten der Klöster angebaut werden. So nennt ein Rezept mit Veilchenkraut, Frauenhaarfarn, Hirschzungenfarn und Oregano Zutaten, die auch heute noch in Hustensaft verarbeitet werden, ein anderes kombiniert

Feld-, Wald- und Wiesenkräuter mit weiteren Zutaten und fordert dazu Malve, zwei *Lot klein geschnittenen Eibisch, zwei Lot klein geschnittenes Süßholz, zwei Lot klein geschnittenen Wurmfarn, 18 klein geschnittene Feigen, ein Lot Malvensamen, eine kleine Handvoll Wintergerste, zwei Viertel Wasser und ein Lot Rosinen. Die kostbareren Zutaten, die importiert werden mussten, wie Feigen, Muskat und Ingwer, wurden manchmal auch verbacken, um sie länger haltbar zu machen und verschicken zu können. Das ganze Klosterleben war von einem Rhythmus von Fasten und Festen bestimmt, der sich am Kirchenjahr ausrichtete, wie auch die Essensangaben für die Fastenzeit aus Kloster Wienhausen (Kapitel IV.2) zeigen. Die Grenze zwischen Diätetik und Medizin war fließend, und häufig werden Gewürzbäckereien etwa in Form von Lebkuchen als Neujahrsgrüße oder andere *Gebildbrote als Geschenke in den Briefen aus den Frauenklöstern erwähnt. Aber, wie es in einer medizinischen Handschrift aus dem Dominikanerinnenkloster Lemgo aus der Zeit der großen Pest um 1350 in Hexametern gereimt heißt: »Wisse, gegen die Liebe ist kein Kraut gewachsen.« (*Scito quod nullis amor est medicabilis herbis.*)

Die Arzneihefte oder auch Rezeptzettel, wie sie sich in dem Fund vom Nonnenchor aus Wienhausen, häufig in fragmentarischem Zustand, erhalten haben, geben Zubereitungsanweisungen wie die folgende: »Dies seihe durch ein Leinentuch, bis es rein ist. Danach setze die gereinigte Flüssigkeit wieder auf das Feuer und gib zwei Eiweiß dazu. Lass alles zusammen wieder aufkochen, damit viel Schaum entsteht.« Und auch die dann folgende Anwendung wird spezifiziert: »Wer an einem verrenkten Unterkiefer leidet, soll Zimt zerstoßen und in einen kleinen Beutel geben. Das Beutelchen in süßer Milch aufkochen und danach auf den Unterkiefer legen.« Oder bei Kopfschmerzen »soll man Wacholderbeeren und Hanf zerstoßen und danach zwei Eiweiß hinzugeben. Dieses Gemisch zusammen mit Wein aufkochen lassen und dem Erkrankten auf den Kopf und die Stirn binden.« Gegen Schwindsucht sollen Ringelblumen, Grüne Minze (süßer als Pfefferminze), Lavendel und Brunnenlebermoos helfen. »Diese vier Heilkräuter soll man in frisches Bier legen und darin gären lassen.« Ein weiteres Rezept weist an: »Nimm Kamille, Honig, Hagebutte, Wald-Sanikel und Odermennig [Ackerkraut]. Dies soll man in altem Bier, das versetzt ist mit zu Asche gebranntem Bohnenstroh, aufkochen und dieses Bier danach durchseihen. Dann füge man zu dem Bier rote Salbe hinzu und trinke davon während der Brotzeit.« Wals-Sanikel ist ein Name, der vom lateinischen *sanare*, das heißt »heilen«, abgeleitet ist, weil es als »heißes« Wund- und Allheilmittel galt und als solches auch in den Hildegard von Bingen zugeschriebenen Physica-Handschriften auftaucht. Um ein besseres Gedächtnis zu erhalten, soll klein gestoßene Petersilie mit Wein angegossen und dann dieses Gemisch getrunken werden.

Während einige der pflanzlichen Mittel tatsächlich beruhigend, entzündungshemmend oder auf andere Weise heilkräftig waren, half ebenso und auch in den Fällen, wo eine pharmakologische Wirkung zweifelhaft ist, das Bewusstsein, im Kloster betreut und behandelt worden zu sein – mindestens ebenso sehr, wie in der modernen Medizin Placebos wirken. Die mittelalterliche Auffassung von Krankheit ging davon aus, dass die Seele den Körper krank und eben auch gesund machen konnte. In diesem Sinne ging es bei der Krankenpflege immer sowohl um den Körper als auch um die Fürsorge für die Seele, ein heute geradezu wieder modern wirkender Ansatz. Ein bisschen Wunderheilung war natürlich auch dabei. So gibt ein weiteres Wienhäuser Rezept, um Nasenbluten zu stoppen, an, dass über den Nasenlöchern ein Kreuzeszeichen gemacht und als Beschwörungsformel gesagt wurde: »Durch die Vermittlung Mariens ist die Hölle verschlossen, das Himmelstor geöffnet«. Danach wurde der Johannesprolog von »Am Anfang war das Wort« bis »und ohne dasselbe ist nichts gemacht« aufgesagt, der als wirksamste Beschwörungsformel überhaupt galt. Dass die in den Gebeten angerufenen Heiligen halfen, erstreckte sich auch auf Tiere, wie der Einsatz des Verses »Das Wort ward Fleisch« aus dem Johannesprolog im Umgang mit den kranken Hunden in Heilig Kreuz zeigt. Die Schreiberin setzt hinzu: »Wenn du willst, kannst du den fehlenden Namen der Kranken einsetzen in: ›Herr sei näher deinem Diener / deiner Dienerin N.‹« Dann ein weiteres Kreuzeszeichen und »sprich: von seinen Nasenlöchern gehe kein Tropfen Bluts hervor. So gefalle es dem Sohn Gottes und der heiligen Gottesmutter Maria. Im Namen des Vaters höre das Blut auf, im Namen des Sohns.«

Für die Krankenstube wurden Pflaster und Salben hergestellt. So wissen wir aus den Lüner Briefbüchern, dass es einen lebhaften Austausch über die Zubereitung einer Lavendelsalbe gab, die gegen die Brustbeschwerden einer alten Nonne helfen sollte. Unter den Wienhäuser Fragmenten ist ein Rezept für eine Salbe erhalten, die eine Kräutermischung enthielt, die durch Schmalz sowohl streich- wie haltbar gemacht wurde: »Solange der Mohn blüht, gebe Mohnblumen, Bilsenkraut, Veilchenkraut, Kreuzblättrige Wolfsmilch, Brombeerblätter, Alraunenblätter, Schwarzen Nachtschatten, Hauswurz, Große Klette und Dach-Hauswurz dazu. Diese Heilkräuter soll man vorher zunächst alle zerstoßen und sie dann mit dem Schmalz so lange aufkochen lassen, bis sich alles grün gefärbt hat. Seihe danach alles durch ein Tuch. Tu alles in eine Dose. Das ist Schwarzpappel-Salbe.«

Geistliche Fürsorge

Wenn dies alles nicht half, war es die Aufgabe der Gemeinschaft, dafür zu sorgen, dass ein sterbendes Konventsmitglied vom Propst die letzte Ölung erhielt und eine Gelegenheit zur Beichte und Buße. Das Kloster war zu allen Zeiten eine Gemeinschaft der Lebenden und der Toten. Die Rituale um Sterben und Tod waren eine der wenigen Gelegenheiten, bei denen sich die Tür zur Klausur öffnete. Das gilt sowohl für die Nonnen, die beim Ableben des Propstes seinen Leichnam einholten, wie für den Propst, der die sterbenden Nonnen aufsuchte und dann auf dem Friedhof im Inneren des Kreuzgangs bestattete. Der Konvent war bei der Krankensalbung wie bei der Begräbnisfeier anwesend und kehrte gemeinsam mit dem Propst in die Kirche zurück. Auf dem prozessionsartigen Rückweg von der Bestattung, die im Klosterinnenhof stattfand, sangen die Nonnen in der Kirche die Antwort auf das vom Propst angestimmte Responsorium. Der Propst war es auch, der in der Kirche vor dem Altar »Mitten im Leben sind wir vom Tod umfangen«

(*Media vita in morte sumus*) als letzten Gesang anstimmte. In dem Bericht einer Medinger Nonne über den Tod Tilemanns von Bavenstedt wird ein Spektrum an Gesängen und Ritualen vermerkt, das die Nonnen ausführten, teilweise analog zu dem Ritus für eine verstorbene Schwester. Während der ganzen Krankheit des Propstes fanden Lesungen, Gebete und Gesänge am Krankenbett, im Kreuzgang und auf dem Nonnenchor statt: »In der Nacht, da er so sehr krank war, lasen die Amtsfrauen die Mette und die Stundengebete vor dem Kloster, und der Konvent sang die Mette vor zwölf. Als die Mette gesungen war, stellten sie sich wieder vor das Klostertor in dem Kreuzgang und lasen die Gebete, die sie wollten.«

Von Totenwache, Messe und Begräbnis

Die Psalmen wurden von den Nonnen bei der Totenwache individuell und gemeinsam gelesen; die Priorin richtete es so ein, dass jeweils zehn Personen sich dabei abwechselten und dann wieder zum Chordienst auf den Nonnenchor gingen, wie es im Bericht heißt: »Im Kloster las man einen Psalter im Wechsel. Das wurde so eingerichtet, dass einige Personen während der Vesper dablieben und einige zum Chor gingen, sodass jeder einmal zur *Kemenate gehen konnte. Unsere Domina sorgte dafür, dass nach dem Mahl zehn oder mehr Personen den Psalter dort lasen; nach der Komplet gingen sie wieder hinein, und andere kamen; wer wollte, blieb die Nacht über da.«

Zur Einholung der Leiche sangen die Nonnen in der

Propstei das Responsorium »Erlöse mich Herr« mit dem dazugehörigen Vers aus dem *Dies irae* (»Tag des Zorns«), den Hymnus über das Jüngste Gericht. Der Konvent zog dann mit dem von den Klerikern getragenen Leichnam in die Kirche und von dort auf den Nonnenchor, wo sich eine reiche Liturgie entfaltete: »Als man ihn in die Kirche gebracht hatte, sangen sie ›Ins Paradies mögen dich die Engel führen‹. Unmittelbar darauf sang der Konvent die Totenmesse. Nach der Messe hielten wir ein Kapitel ab, darauf die heilige Messe ›Ich bin erstanden‹. Das Hochamt war dann ›Jubiliert‹, und der Konvent sang. Während dieser drei Messen sang der Konvent heilige Gesänge.«

Bei der Totenwache wechselten sich dann Frauen und Kleriker ab. Die Äbtissin überwachte persönlich die Laienschwestern, die tagsüber in der Kirche waren, während der Vizepropst die Nachtwache stellen sollte, die allerdings bei der Aufgabe einschlief – was die Berichterstatterin zum Vergleich mit den schlafenden Wächtern am Grab Christi führte, bevor sie entschuldigend zusetzte, es sei wohl aus Altersschwäche geschehen. Am Montag setzte man das Totengedenken fort. Bei allen drei Messen muss der Gesang der Nonnen auf ihrem Chor auch deutlich für die versammelte Gemeinde der weltlichen Besucher im Gemeindebereich der Kirche hörbar gewesen sein. Bei dem Begräbnis selbst betont der Bericht, dass die Nonnen ihre eigene übliche Gedenkfeier abhielten und das standesgemäße Begräbnis dem Abt Johannes des Benediktinerklosters Oldenstadt als Zelebranten und anderem hohen Besuch überließen, deren Ausführung aber aus ihrer Sicht einiges zu wünschen übrig ließ, da sie nicht die etablierten Gebräuche bei dem Begräbnis eines Propsts beachteten:

»Am Montag wurde er begraben. Der ganze Konvent trug deshalb am Morgen weiße Gewänder wegen des Begräbnisses. Wir standen im Chor, lasen während des Auszugs und sangen ›Schöpfer aller Dinge‹ und ›Erlöse mich‹. Aber wir verließen uns auf die vielen Leute, die da waren, die mehr Erfahrung mit der Bestattung von Herren und Prälaten als wir hatten. Darum gaben wir keine Anweisungen, wie sie das halten sollten, wie es einem Prälaten geziemt, aber leider begrub ihn der Abt von Oldenstadt nach seiner eigenen Ordnung und sagte nicht die Abschwörformel, setzte auch nicht einen Kelch auf seinen Körper, wie es Sitte ist, und sang auch nicht dreifach ›Ich empfange den Kelch des Heils‹. Gott möge ihm verzeihen.«

3. Diesseits und Jenseits im Wienhäuser Nonnenchor

Der Aderlass als Prophylaxe

Ein besonders wichtiger Bereich, der in das Gebiet der Prophylaxe ebenso wie in den der Heilung fiel, war der Aderlass, der regelmäßig für den gesamten Konvent durchgeführt wurde, auch noch im 16. Jahrhundert, wie im Bericht über die Vision der Dorothea von Meding (Kapitel V.3) deutlich wird, die sich zugetragen haben soll, nachdem die Frauen gerade gemeinsam zum Schröpfen in der Wärmestube waren. Dass der Vorgang in dem einzigen beheizbaren Gemeinschaftsraum durchgeführt wurde, hatte den Sinn, Schwächeanfälle nach der Blutabnahme zu verhindern. Auf dem St. Galler Klosterplan liegt die Wärmestube neben dem Schlafsaal der Kranken, dem Aderlasshaus, dem Badehaus der Kranken und einer separaten Küche für die Kranken und zur Ader Gelassenen. Der Aufenthalt in der Wärmestube war sicher auch ein Grund dafür, dass die Nonnen sich regelrecht auf die zwei- bis dreimal im Jahr stattfindenden Schröpftermine freuten. Der Aderlass war eng mit dem Kalender verbunden, mit einem komplexen Regelwerk aus »guten« und »bösen« Tagen. Jedem Tierkreiszeichen war eine bestimmte Körperstelle zugewiesen, die sich in dieser Zeit gut schröpfen ließ. Im Gebetbuch der Marienseer Äbtissin Odilie von Ahlden ist beispielsweise am Ende der Gebete ein Abschnitt eingeschoben mit dem Vermerk, dass ab Mitte April bis Mitte Juni die beste Zeit sei, zur

Ader zu lassen, weil »das Blut dann wächst und zunimmt«. Eine Darstellung, wie der Aderlass im Kloster vorgenommen wurde, findet sich an einem der Bögen des Wienhäuser Nonnenchors (Tafel 16).

Ein farbenprächtiger Bilderbogen

Die Wienhäuser Chronik erwähnt für das Jahr 1488, dass die aus dem frühen 14. Jahrhundert stammende Wandmalerei auf dem Nonnenchor »durch drei Schwestern Gertrud genannt« erneuert wurde. Die Pointe des Eintrags liegt klar auf der Tatsache der Namensgleichheit, während es offensichtlich keineswegs erstaunlich war, dass hier Frauen als Kirchenmalerinnen tätig wurden. Der Nonnenchor in Wienhausen zeigt eines der reichsten und anspruchsvollsten Bildprogramme mittelalterlicher Architektur, die sich vollständig erhalten haben. Es bedeckt Decke und Wände des Chors, der die Ausmaße einer gar nicht mal so kleinen Kirche hat. Auf den Wänden sind in zwei umlaufenden Streifen von der Süd- über die West- zur Nordwand Ereignisse der Bibel, angefangen bei Adam und Eva, und im Streifen darüber aus Heiligenlegenden dargestellt. Im Gewölbe, aufgeteilt auf die verschiedenen Felder, die von den Rippen durchschnitten werden, sind die wichtigsten Stationen des Lebens Jesu dargestellt (Tafel 14).

Dieser farbenprächtige Bilderbogen – das Rote Meer, in das der Pharao bei seiner Verfolgung der Israeliten versinkt, ist beispielsweise tatsächlich von roten Wellen durchzogen – bot sicher nicht nur den Mädchen, die auf einer niederen Bank vor den Nonnen sitzend zu bestimmten Zeiten am Chorgebet teilnahmen, willkommenes Betrachtungsmaterial. Es fungierte auch als theologischer Kommentar des Singens und Betens. Das wird noch verstärkt durch das Wechselspiel mit den weiteren Ausstattungsgegenständen wie dem Heiligen Grab, das auf dem Nonnenchor stand, und in der Platzierung der einzelnen Bildthemen neben- und übereinander und im Verhältnis zur Architektur der Kapelle. Die Nonnen saßen nach den zwei Chören aufgeteilt (vgl. Kapitel IV) im Gestühl. Der durch Glasfenster geschützte und gut beleuchtete Raum wurde nicht nur für das Chorgebet genutzt, sondern auch für Handarbeiten und andere monastische Tätigkeiten. Das wird deutlich an der Vielfalt der Gegenstände, die unter den Dielen gefunden und schon mehrfach als Belege für die Alltagskultur der Frauenklöster erwähnt wurden. Es fanden sich Webplättchen, Stoffreste, bestickte Streifen, Applikationen, Schablonen, Figürchen, eine Vielzahl von Klein- und Kleinstschrifttum wie Rezepte, Rechnungen, Andachtsblätter, Lesezeichen, Dienstpläne, dazu materielle Zeugnisse der Bildung, vor allem die weltweit ältesten erhaltenen Brillen, Zeigestäbe, Wachstäfelchen und Schreibgriffel. Der Chor war für die Nonnen ebenso Arbeits- wie Andachtsraum.

Auf der Ostseite war er durchlässig zum Ostchor der Gemeindekirche, sodass dort kein Platz für Gemälde war. Dafür ist der Gewölbebogen zwischen Nonnenchor und Gemeinderaum mit einem geistliche und weltliche Interessen verbindenden eigenen Zyklus verziert, der Darstellung von charakteristischen Tätigkeiten für die zwölf Monate des Jahres, sogenannten »Monatsarbeiten«. Im ersten Rundbild auf der Südseite des Bogens über einer Darstellung Lunas als Frau mit einem Mond findet sich die Darstellung des Aderlasses (Tafel 16). Eine Frau reicht einem sitzenden Mann eine weiße Binde, nachdem sie ihn zur Ader gelassen hat – er hält noch in der Rechten die Schüssel, in der das Blut aufgefangen wurde. Das Geschehen ist nicht als klösterliche Handlung dargestellt; beide Personen sind weltlich gekleidet. Aber die Nonnen waren, wie die Berichte aus den Klöstern zeigen, sehr vertraut mit der Prozedur.

Zwischen Überzeitlichem und Zeitlichem

Die Monatsdarstellungen bildeten die passende Schnittstelle zwischen dem Nonnenchor und der Gemeindekirche. Hier traf die Kalenderordnung mit ihren praktischen Tätigkeiten auf die Darstellung der überzeitlichen Ordnung im Nonnenchor. Die Nonnen waren Teil beider Welten: der heilsgeschichtlichen, überzeitlichen Struktur, an der sie als Bräute Christi schon jetzt Anteil hatten, und der jahreszeitlich wiederkehrenden Struktur des Säens und Erntens, Stutzens und Heilens. Das wird besonders deutlich an der Darstellung, die bis heute über der Tür zu finden ist, durch die die Nonnen nach dem Chorgebet den Sakralraum wieder verließen, Nordostecke des Nonnenchors (Tafel 15 oben).

Auf dem querrechteckigen Feld bewachen zwei sechsflügelige Cherubim links und rechts ein Architekturensemble, das wie auf eine zinnenbewehrte Mauer projiziert scheint. Über den Giebeln schwebt ein leeres Schriftband. Die Baugruppe zeigt ein charakteristisches Profil: Über niedrigeren Vorgebäuden erhebt sich ein

Vorratsspeicher mit einer Vielzahl von Tür- und Fensterluken im dreieckigen Stufengiebel, einem runden Treppentürmchen und im rechten Winkel zu einem weiteren Gebäudekomplex, den ein Dachreiter als Kirchenbau markiert. Die hohen gotischen Fensterbahnen im oberen Bereich zeigen, dass es sich um ein moderneres Gebäude handelt gegenüber dem niedrigeren Bauteil mit Rundfenstern, der sich rechts anschließt. Genau diese Beschreibung trifft auch auf die Südansicht von Kloster Wienhausen zu, bis hin zur Verhältnisbestimmung des alles überragenden gotischen Nonnenchors, der über der Gemeindekirche sitzt und den älteren Ostteil weit überragt. Die Malerei aus den 1330er-Jahren ist damit nicht nur die älteste Abbildung Wienhausens, sondern vor allem auch eine mehrschichtige und symbolträchtige Deutung von Sinn und Ziel der Darstellung des Klosterlebens. Die Nonnen sahen sich, wenn sie sich im Nonnenchor mit seinen hohen gotischen Fensterbahnen befanden, bereits in die zukünftige Freude des himmlischen Jerusalems hineingenommen, die ihnen mit der Nonnenkrönung verheißen worden war. Das Klosterleben ist durch die Klausurmauern zur Welt hin begrenzt, aber nach oben hin geöffnet.

Die Nonnen wussten sehr genau, dass Krankheit und Tod als ein untrennbarer Bestandteil zum Leben gehören, denn darüber reflektierten sie beständig in Meditation und Gesang. Anders als in der modernen Gesellschaft wurden Krankheit und Tod nicht verdrängt, sondern der Umgang mit und die Bewältigung von Tod und Trauer waren eine Gemeinschaftsaufgabe, der sie einen großen Teil ihrer Kraft widmeten. Der gemeinsame Gesang spielte dabei eine entscheidende Rolle, der sie, wenn sie in der Liturgie die göttliche Sphäre und Nähe zu Christus aufriefen, mit den Lebenden und den Verstorbenen verband. Das Wissen um den Zusammenhang von Leben und Tod eröffnete in diesem spirituellen Verständnis tieferliegende Aspekte des Menschseins, die, wie nicht zuletzt die Lüner Briefe zu erkennen geben, als sehr tröstend empfunden wurden, sodass viele Laien die Nähe der Nonnen und ihrer Gemeinschaft suchten. In dieser Hinsicht waren die Nonnen innerhalb der mittelalterlichen Gesellschaft eine ganz eigenständige Kraft und eine starke Stimme. Auch wenn die Geschichte ihr Leben in der Klausur vielfach überschrieben oder ausgelöscht hat und sie für uns heute weitgehend unerhört erscheinen, waren sie es in ihrer Zeit auf ihre Weise keineswegs, und wenn sie die eigene Sache verteidigen mussten, konnten sie auch unerhört widerspenstig werden. Und von ihrem himmlischen Bräutigam, von Christus, davon waren sie fest überzeugt, wurden sie ganz bevorzugt erhört und erhöht.

***

VII. ANHANG

1. Klosterbiografien

1.1. Kloster Heilig Kreuz bei Braunschweig

Das Heilig-Kreuz-Kloster bei Braunschweig ist ein Zisterzienserinnenkloster, das um 1230 vermutlich als Sühneleistung nach einer Fehde des welfischen Adels mit der Stadt Braunschweig gegründet wurde. Es lag vor den Toren der Stadt auf dem Rennelberg, dem ehemaligen Turnierplatz des Adels. Das Kloster hatte als katholische Gemeinschaft, die den Regeln des Zisterzienserordens folgte, aber nicht in den Orden inkorporiert war, bis 1532 Bestand, als auf Druck des Braunschweiger Rats die erste lutherische Äbtissin eingesetzt wurde. Maßgebliche Aufgabe der Stiftsdamen waren die Krankenpflege und eine im Kloster eingerichtete Mädchenschule. Nach 700 Jahren wurden die Gebäude des Heilig-Kreuz-Klosters 1944 bei einem schweren Bombenangriff auf Braunschweig vollständig zerstört, nur ein kleiner Teil des frühneuzeitlichen Klosterfriedhofs blieb verschont.

1.2. Die Lüneburger Klöster

Die sechs Frauenklöster Ebstorf, Isenhagen, Lüne, Medingen, Walsrode und Wienhausen liegen im Gebiet des ehemaligen Fürstentums Lüneburg. Sie teilen das Schicksal, dass sie im späten 15. Jahrhundert eine Klosterreform erfuhren, nach der lutherischen Reformation als Frauengemeinschaften weiterbestanden und jetzt mit den ehemaligen Stiften und Frauenklöstern des Herzogtums Calenberg im Verwaltungsbereich der Klosterkammer Hannover liegen.

Ebstorf ist ein ehemaliges Benediktinerinnenkloster bei Uelzen. Das fast geschlossen erhaltene gotische Ensemble mit dem Kreuzgang (Lageplan im Kapitel VII.2), Glasfenstern, Schlusssteinen (Tafel 9 und Abbildung 9), den dort aufgestellten Truhen und der Anlage der Klosterkirche vermittelt noch einen guten Eindruck von der mittelalterlichen Klosterkultur. Die erhaltene umfangreiche Bibliothek ist eine wichtige Quelle für die Bildungsgeschichte (Tafel 10/11 sowie Kapitel II.2), ebenso wie die Ebstorfer Weltkarte (Tafel 1 und 2, Abbildung 2 sowie Kapitel I.3). An Kunstwerken haben sich auch von den Nonnen gearbeitete Paradiesgärtlein mit Reliquiensplittern und eine überlebensgroße Mauritiusstatue erhalten.

Lüne ist ein ehemaliges Benediktinerinnenkloster in Lüneburg, das 2022 sein 850-jähriges Bestehen feierte. Die drei Briefbücher aus dem Kloster (Quellen und Literatur) geben Aufschluss über das Netzwerk der Nonnen im Spätmittelalter, ebenso wie die Darstellung des Konvents auf dem Gemälde der Vision Dorotheas von Meding (Tafel 12 und Abbildung 14). Das spätmittelalterliche Dormitorium mit dem Zellentrakt der Nonnen hat sich hier eindrucksvoll erhalten. Das Kloster ist auch für sein Museum für sakrale Textilkunst bekannt, in dem Leinenstickereien und die großformatigen Stücke der Reformzeit des späten 15. und frühen 16. Jahrhunderts (Tafel 5) aufbewahrt werden. Es beherbergt heutzutage einen Teil der Restaurierungsabteilung der Klosterkammer Hannover.

Medingen ist ein ehemaliges Zisterzienserinnenkloster bei Bad Bevensen, das dem heiligen Mauritius geweiht ist (Tafel 8). Über die frühe Geschichte Medingens informieren die Tafeln, die in 16 Bildern die Geschichte von der Gründung bis in die 1490er-Jahre darstellen (Abbildungen 3, 6, 8, 10). Im 15. und 16. Jahrhundert entstanden im Kloster zahlreiche illuminierte Andachtsbücher, die auch reiches Liedgut enthalten (Tafel 13 und Abbildung 12). Das Kloster brannte 1781 fast vollständig ab und wurde in klassizistischem Stil neu errichtet.

Wienhausen ist ein ehemaliges Zisterzienserinnenkloster bei Celle (Tafel 15). Das spätmittelalterliche Ensemble hat sich fast geschlossen erhalten samt den Skulpturen, Bildteppichen und Glasfenstern. Ein besonderer Schatz ist der »Nonnenstaub«, der in den 1950er-Jahren unter den Dielen des reich ausgemalten Nonnenchors (Tafel 14 und 15 sowie Kapitel VI.3) gefunden wurde, darunter die ältesten Brillen der Welt, Handschriftenfragmente, Zettel und Werkzeuge zum Schreiben und Handwerken.

2. Schematische Darstellungen zum Klosterleben

2.1. Überblick über den Tagesablauf in einem Frauenkloster

Die Uhrzeiten und die Reihenfolge der einzelnen Elemente können in den verschiedenen Kongregationen und von Kloster zu Kloster variieren. Abweichend vom hier dargestellten Brauch gibt es Klöster, in denen man die Nachtruhe um Mitternacht unterbricht, um die Matutin mit den Laudes in der Klosterkirche zu singen. Danach legt man sich ein zweites Mal schlafen und steht um 6:30 Uhr zur Prim wieder auf (diese »Teilung der Nacht« ist der ursprüngliche benediktinische Brauch). In einigen Klöstern ist es nicht üblich, vor der Terz zu arbeiten. Die erste Mahlzeit des Tages gibt es immer erst nach der Konventmesse, in einigen Klöstern vor, in anderen nach der Sext, in der Fastenzeit unter Umständen erst nach der Non oder nach der Vesper, also erst am Nachmittag.

4:00 Uhr	Matutin und Laudes	*Offizium in der Klosterkirche, mit allfälligen Votivoffizien (Marienpsalter)
6:30 Uhr	Prim	Offizium in der Klosterkirche, anschließend Privatmessen der Priestermönche, über den Vormittag verteilt
7:00 Uhr	Kapiteloffizium	im Kapitelsaal, Verlesung eines Kapitels aus der Benediktsregel, Martyrologium, Totengedächtnis, Segen über das Tagewerk (Aussprachen über alltäglich Anliegendes)
7:30 Uhr	Lectio divina	ggf. in der Zelle, Bibellesung und persönliches Gebet
8:00 Uhr	Handarbeit/ Studium	in den entsprechenden Funktionsbereichen des Klosters oder in der Zelle
10:00 Uhr	Terz, gefolgt von der Konventmesse und Sext	Offizium in der Klosterkirche
12:00 Uhr	Mittagessen	im Refektorium
12:30 Uhr	Recreatio	Mittagspause, zum Schlafen oder Spazierengehen
14:00 Uhr	Non	Offizium in der Klosterkirche
14:20 Uhr	Handarbeit/ Studium	in den entsprechenden Funktionsbereichen des Klosters oder in der Zelle
16:00 Uhr	Vesper	Offizium in der Klosterkirche, mit allfälligen Votivoffizien (Marienpsalter)
16:30 Uhr	u. U. Lesung/ Vortrag, gefolgt von Abendessen und Freizeit	Abendessen im Refektorium (in der Fastenzeit kein Abendessen)
18:45 Uhr	Komplet	Offizium in der Klosterkirche
19:30 Uhr	Nachtruhe	ggf. in der Zelle, sonst im Dormitorium

Liturgischer Stundenplan für einen Sommertag
nach Philipp Stenzig

2.2. Der Grundriss des Klosters Ebstorf

Der Plan des Benediktinerinnenklosters Ebstorf geht in seinen Grundzügen auf die Zeit der Weltkarte (Tafel 1) zurück. Die drei Türme stehen für die Stadt Verden. Das Kloster (oder der Ort) Ebbeskestorp wird durch einen einzelnen Turm symbolisiert; daneben sind die legendenhaft lokalisierten drei Märtyrergräber zu sehen (Abbildung 2). Zentrum des Plans ist die Klosterkirche mit dem geosteten Chor der Kirche und dem Nonnenchor, der die westliche Hälfte der Kirche überspannt, über einer eingewölbten Unterkirche für die Laien. Die Nonnen konnten den Chor vom nördlich der Kirche gelegenen Kreuzgang aus erreichen, um den herum Kapitelsaal, Refektorium und die anderen Gemeinschaftsräume lagen. Die Gemeinde hatte Zugang zur Unterkirche von der Südseite aus. Der Kreuzgang war mit Glasfenstern und figürlichen Schlusssteinen (Tafel 9 und Abbildung 9) ausgestattet. Das Torgebäude lag südwestlich von der Kirche. Nicht abgebildet sind hier die außerhalb des zusammenhängenden Gebäudekomplexes liegenden Wirtschaftsgebäude.

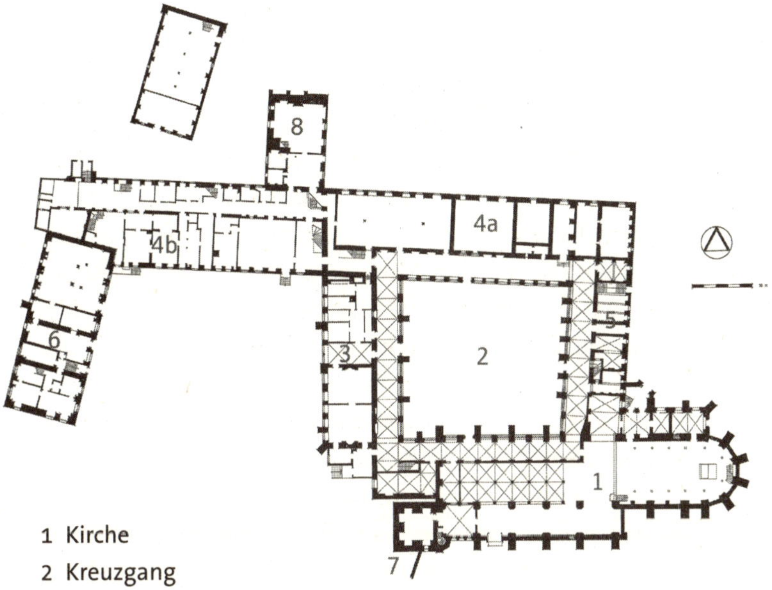

1 Kirche
2 Kreuzgang
3 Äbtissinnenflügel
4 Langes Schlafhaus
5 Glockenhaus
6 Herrenhaus
7 Torgebäude
8 Küche

Abbildung 15: Grundriss des Klosters Ebstorf

3. Glossar der verwendeten Begriffe

Ein ausführliches Glossar zu Begriffen der niedersächsischen Klostergeschichte findet sich, ebenso wie die Grundlage für die Karte auf den Innenseiten des Einbands, auf der Website der Landesgeschichte Göttingen unter
landesgeschichte.uni-goettingen.de/kloester.

Äbtissin: Vorsteherin eines Frauenklosters
altgläubig: nach der Reformation Bezeichnung für die katholisch Gebliebenen
Antependium: Vorhang oder Vorsatz für einen Altar, der auch im Laufe des Kirchenjahres wechseln konnte
Antifon: Wechselgesang oder Gegengesang, in dem mehrere Stimmen oder Instrumente aufeinander »antworten«, also abwechselnd singen oder spielen
Augsburger Konfession: Protestantismus
Augustiner-Chorfrauenstift: Religiöse Frauengemeinschaft, die der weniger strengen Regel des hl. Augustinus folgt und nicht wie die Benediktinerinnen der *vita contemplativa*, also dem Gebet und der Kontemplation, sondern der *vita activa*, also der tätigen Nächstenliebe, verpflichtet ist.

Benediktinerinnen: Nonnen, die nach der Regel des hl. Benedikt von Nursia († 547) leben. Auch die Zisterzienserinnen folgten der Benediktsregel, allerdings in der strengeren Auslegung des Zisterzienserordens. Sie galten gewissermaßen als reformierte Benediktinerinnen.

Bursfelder Reformkongregation: Zusammenschluss von west- und mitteldeutschen, aber auch niederländischen, belgischen, dänischen und luxemburgischen Benediktinerklöstern, die im Zuge der Klosterreform im 15. Jahrhundert die Benediktsregel streng auslegten

Cantrix → Vorsängerin
Celleraria → Kellermeisterin

Domina: Bezeichnung für die Vorsteherin einer religiösen Frauengemeinschaft
Dormitorium: gemeinsamer Schlafsaal im Kloster, der aus einem einzelnen Raum mit kleinen Abtrennungen oder aus einem Zellentrakt bestehen konnte

Familia: die weltlichen Bediensteten einer religiösen Gemeinschaft
Frauenstift: geistliche Einrichtung für Frauen, die auf der Basis der Augustinusregel lebten und eine freie Lebensform verfolgten

Gebildbrot: Teigwaren in besonderer Form wie in Modeln gebackene Spekulatius, verzierte Lebkuchen oder Brotkränze, die häufig als Geschenke von den Klöstern zu Neujahr oder anderen Festen verschickt wurden
Gildeherr: Vorsteher einer Gilde/Zunft
Guidonische Hand: geht auf den Benediktinermönch Guido von Arezzo († 1050) zurück, der eine sechsstufige Tonleiter (*ut, re, mi, fa, sol, la*) festlegte. Die Guidonische Hand diente im Musikunterricht als Memorierhilfe für Musikintervalle.

Habit: Gewand geistlicher Personen, das sich je nach Orden in Farbgebung, Stoff und Schnitt unterscheidet und u.a. aus Kutte und verschiedenen Obergewändern wie dem → Scapular besteht; dazu trugen Nonnen Schleier und gegebenenfalls eine → Nonnenkrone.

Horen: die sieben Tagzeiten oder Tagzeitengebet der → Religiosen, die den religiösen Alltag strukturierten, auch Stundengebet

Hymnus: Form des lateinischen strophischen Gemeindegesangs, der auf Ambrosius von Mailand († 397) zurückgeführt wurde. Zu den → Horen wurden jeweils bestimmte Hymnen gesungen, ebenso zu den Festen.

in einerlei / unter beiderlei Gestalt: Form der Abendmahlsausgabe entweder nur als Hostie (Brot) oder auch mit Wein an die Laien. Das Abendmahl unter beiderlei Gestalt wurde zum Erkennungsmerkmal der Annahme des Protestantismus, aber auch der Utraquisten, einer ersten Konfessionsbildung in Böhmen, die auf Jan Hus († 1415) zurückgeht.

Interdikt: eine Kirchenstrafe, die sich auf einen geografischen Raum, z.B. eine Stadtgemeinschaft, bezieht, wodurch alle Sakramente und religiösen Handlungen, also auch Taufe und Begräbnis, auf Zeit untersagt sind. Im Unterschied dazu betrifft der Kirchenbann (Exkommunikation) individuelle Personen, die, wenn sie exkommuniziert sind, auf Zeit aus der christlichen Gemeinschaft ausgeschlossen werden.

Kanoniker: Priester, der Teil einer Gemeinschaft von Klerikern ist, z.B. eines Domkapitels, auch Stiftsherr

Kapitel(-saal): in den Männerklöstern ein meist im Ostflügel nahe dem Chor gelegener architektonisch besonders ausgeschmückter Raum, der sich zum Kreuzgang hin öffnet und zentraler Teil der → Klausur war. In den Frauenklöstern lag der Kapitelsaal oft in der Nähe des Nonnenchors im Westflügel. Dort wurden täglich ein Kapitel aus der Benediktsregel vorgelesen, die Geschäfte des Klosters besprochen und bei »Schuldkapiteln« Regelübertretungen geahndet.

Kellermeisterin: Nonne mit Verantwortung für die Vorratswirtschaft des Klosters und die Versorgung der Gemeinschaft

Kemenate: beheizbarer Raum, auch Kalefaktorium

Kirchenregiment: das Recht des Landesherrn zur Aufsicht über geistliche Einrichtungen

Klausur: einerseits der den Nonnen vorbehaltene abgeschlossene Bereich, der den Nonnenchor, den → Kreuzgang mit → Dormitorium, → Refektorium, Arbeitsräumen, Garten und Friedhof umfasst, und andererseits auch das Konzept der Abtrennung der Frauen von der Welt

Kleriker/Klerus: der Begriff kommt aus dem Griechischen und bedeutet »Los« oder »Anteil« als Bezeichnung für all jene, die eine sakramentale Weihe empfangen haben, also ein kirchliches Amt innehaben und zur Spendung der Sakramente befugt sind wie Diakone, Priester und Bischof. Auch wenn geistliche Frauen die Nonnenkrönung empfingen, war dies keine sakramentale Weihe, die den Frauen nicht gespendet werden durfte, wie das Kirchenrecht festschreibt.

Komplet: letzte Gebetszeit vor der Nachtruhe

Konvent: die Gemeinschaft der Chornonnen

Korporale: Leinentuch auf dem Altar als Unterlage für die Abendmahlsgefäße

Kreuzgang: überdachter rechteckiger Umgang, der den Kreuzhof umschließt und den Ost-, Süd- und Westflügel der Konventsgebäude verbindet. Der Nordflügel ist in der Regel direkt an die Südwand der Klosterkirche angeschlossen

Laienbrüder: → Laienschwestern

Laienschwestern: Frauen, die Teil der Gemeinschaft waren, aber geringere Gebetsverpflichtungen hatten und handwerkliche Tätigkeiten für die Nonnen verrichteten

Lehrmeisterin → Schulmeisterin

Liturgie: Ordnung und Gesamtheit der religiösen Zeremonien und Riten des jüdischen und des christlichen Gottesdienstes

Lot: Maßeinheit, die etwa einem Löffel voll entspricht

Magistra → Schulmeisterin

Matutin: erstes → Stundengebet des Tages, vgl. Anhang 2.1.

Nokturn: letztes → Stundengebet des Tages, vgl. Anhang 2.1.

Nonnenchor: den Chornonnen vorbehaltener Bereich der Kirche, seit dem 12. Jahrhundert häufig eine Empore im Westen der Klosterkirche. Zuvor befand sich der Nonnenchor oftmals im nördlichen oder südlichen Teil des Querschiffs, wie es in vielen Frauenstiften auch noch im Spätmittelalter der Fall war.

Nonnenkrone: den Nonnen vom Bischof verliehene

Stoffkrone als Zeichen der offiziellen Anerkennung der Kirche ihres Status der Jungfräulichkeit, die die zukünftige Krönung der Nonnen durch Christus nach dem Vorbild der Marienkrönung symbolisierte.

Oblation: Übergabe eines Kindes an das Kloster, bei der die Eltern stellvertretend das Gelübde ablegen.

Offizium: leitet sich von dem antiken lateinischen Begriff für Dienst oder Amt ab und bedeutet im religiösen Kontext das verpflichtende Stundengebet oder Chorgebet

Paramente: Textilien für den liturgischen Gebrauch, vor allem im Rahmen der Messfeier

Patene: Teller für das Brot bei der Eucharistiefeier

Paternoster: Vaterunser

Patriziat: städtische Oberschicht

Pfründe: Einkommen für Priester, kann auch → Präbende bedeuten

Präbendarin: weltliche Frau, die, oftmals im Alter, im Kloster versorgt wird

Präbende: materielle Grundlage für eine oder einen → Religiose/n, die entweder zur Grundausstattung gehörte oder auf spätere Stiftung zurückging

Prädikant: Prediger

Prälat: kirchlicher Würdenträger mit besonderen Befugnissen, der anderen → Klerikern vorsteht

Priorin: höchstes Amt innerhalb einer Frauengemeinschaft nach der Äbtissin, die die Verantwortung für die Gemeinschaft trug. Wenn es in einem Frauenkloster keine Äbtissin gab, war die Priorin die Vorsteherin des Konvents.

Procuratrix: Klosteramt, Vertreterin des Klosters nach außen
Profess: rechtsgültiger Akt des Übertritts in den geistlichen Stand im Alter der Volljährigkeit
Prokurator: Patrizieramt, ähnlich einem Kirchenpfleger
Propst: Kleriker mit Oberaufsicht über die Belange eines Frauenklosters
Psalter, Psalterien: das biblische Buch, in dem die Psalmen Davids gesammelt sind, auch die von den Nonnen für das Stundengebet benutzte Zusammenstellungder Psalmen und weiterer Gebetstexte
Pueritia: bedeutet Kindheit, die in dem jeweils sieben Jahren umfassenden Altersstufen bis zum 6. oder 7. Lebensjahr reicht. Am Ende der pueritia gelten die Kinder als eingeschränkt rechtsfähig, sie sind jetzt »fähig zur List« (*doli capax*).

Refektorium: Speisesaal des Klosters
reguliert: verbindlich nach einer Klosterregel lebend
Religiose: Männer und Frauen, die sich zu einem geistlichen Leben verpflichtet haben
Responsorium: Wechselgesang zwischen einer Vorsängerin / einem Vorsänger und dem Chor

Sakrista: Küsterin, Nonne, die für den Gottesdienst, Kirche und Sakristei zuständig ist
Scapular: liturgisches Obergewand
Scholastica → Schulmeisterin
Schulmeisterin: Nonne, die für die Erziehung der für das geistliche Leben bestimmten Mädchen in der Klosterschule zuständig ist
Sequenz: lateinischer Gesang in Strophenpaaren

Stundengebet → Horen

Subpriorin: Stellvertreterin der → Priorin

Succentrix: Stellvertreterin der → Vorsängerin. Während die Vorsängerin (Cantrix) den einen Chor des Wechselgesangs leitet, steht die Succentrix dem anderen Chor vor.

Suffragan: einem Erzbischof unterstellter Bischof

Sülfmeister: Aufseher über die Siedepfannen zur Salzproduktion, ein Amt, das in der Regel durch Patrizier ausgeübt wurde und beträchtliches politisches Gewicht besaß

unter einerlei Gestalt → in beiderlei / unter einerlei Gestalt

Vesper: → Stundengebet am Nachmittag, vgl. Anhang 2.1.

Vicarius: ist identisch mit dem deutschen Wort Vikar und bedeutet Stellvertreter eines Amtsinhabers. Der Vikar ist beispielsweise der Vertreter des Pfarrers.

Vigil: ist die Nachtwache oder nächtliche Gebetswache vor einem Kirchenfest, die in der Regel in Gemeinschaft gefeiert wird. Mit der Vigil am Vorabend beginnt das Kirchenfest.

Vier-Säfte-Lehre: antike medizinische Lehre (Humoralpathologie) von den vier Körpersäften gelbe und schwarze Galle, Blut und Schleim

Vorsängerin: Cantrix, Nonne, die den Chorgesang leitete

Zisterzienserinnen: Nonnen, die der Zisterzienserregel folgen, siehe → Benediktinerinnen. Nur ein Teil der Zisterzienserinnen war rechtlich Vollmitglied des Ordens (Inkorporation), d.h., dass der Orden die Aufsichtspflicht über geistliches Leben (*Cura animarum*) und über ihre Güter (*Cura temporalium*) hatte. Sie waren dann exemt, also von der bischöflichen Aufsichtspflicht befreit. Die Zisterzienserinnen von Heilig Kreuz bei Braunschweig waren nicht inkorporiert, d.h. sie folgten der Zisterzienserregel und hatten auch Anteil an den Privilegien des Ordens, unterstanden aber weiterhin dem Bischof und in Bezug auf ihre Güterverwaltung einem Weltkleriker, dem Propst.

4. Bildnachweis

Abbildungen im Text

Abbildung 1: Straßenplan Braunschweigs von Albrecht Heinrich Carl Conradi um 1755 (Vermessungsamt Braunschweig 1981, Blatt 31)
Abbildung 2: Kloster Ebstorf, Foto: Wolfgang Brandis
Abbildung 3: Johann Ludolph Lyßmann, Historische Nachricht von dem Ursprunge, Anwachs und Schicksalen des im Lüneburgischen Herzogthum belegenen Klosters Meding, 1772, Bildtafel 4
Abbildung 4: Ausschnitt aus Tafel 10
Abbildung 5: Ausschnitt aus Tafel 4
Abbildung 6: Ausschnitt aus Tafel 6/7
Abbildung 7: Ausschnitt aus Tafel 7
Abbildung 8: Wie Abbildung 3, Bildtafel 13
Abbildung 9: Kloster Ebstorf, Foto: Wolfgang Brandis
Abbildung 10: Wie Abbildung 3, Bildtafel 14
Abbildung 11: Kloster Ebstorf, Foto: Wolfgang Brandis
Abbildung 12: Staats- und Universitätsbibliothek Göttingen Theol. 242, fol. 1v-2r. Foto: Hans-Walter Stork
Abbildung 13: Dombibliothek Hildesheim Ms J 29, fol. 119r
Abbildung 14: Kloster Lüne, Foto: Sabine Wehking
Abbildung 15: Klosterkammer Hannover

Tafeln

Kapitel I

Tafel 1:	Kloster Ebstorf
Tafel 2:	Kloster Ebstorf, Foto: Wolfgang Brandis

Kapitel II

Tafel 3:	Eigentümerin/Standort: Abegg-Stiftung, CH-3132 Riggisberg, Inv. Nr. 5257 Fotonachweis: © Abegg-Stiftung, CH-3132 Riggisberg, 2001 (Foto: Christoph von Viràg)
Tafel 4:	Victoria & Albert Museum, London, Accession Nr. 289–1876

Kapitel III

Tafel 5:	Kloster Lüne, Foto: Wolfgang Brandis
Tafel 6/7:	Kloster Wienhausen, Foto: Ulrich Loeper
Tafel 8:	Kloster Medingen, Foto: Ulrich Loeper

Kapitel IV

Tafel 9:	Kloster Ebstorf, Foto: Wolfgang Brandis
Tafel 10/11:	Kloster Ebstorf, Foto: Wolfgang Brandis
Tafel 12:	Dombibliothek Hildesheim Ms J 29, fol. 119r
Tafel 13:	Kloster Lüne, Foto: Sabine Wehking

Kapitel VI

Tafel 14:	Kloster Wienhausen, Foto: Ulrich Loeper
Tafel 15 oben:	Kloster Wienhausen, Foto: Wolfgang Brandis
Tafel 15 unten:	Kloster Wienhausen, Foto: Wolfgang Brandis
Tafel 16:	Kloster Wienhausen, Foto: Ulrich Loeper

5. Quellen und Literatur

Die Literaturtitel belegen kapitelweise die für diesen Band benutzten und zitierten Quellen und Forschungsergebnisse. Sie sind auch als Lektüreempfehlungen für eine vertiefte Beschäftigung gedacht.

Die Einstiegsgeschichten sind entnommen aus: Eva Schlotheuber, *Klostereintritt und Bildung. Die Lebenswelt der Nonnen im späten Mittelalter. Mit einer Edition des »Konventstagebuchs« einer Zisterzienserin von Heilig Kreuz bei Braunschweig (1484–1507)* (= Spätmittelalter, Humanismus, Reformation 24), Tübingen 2004.

Die Briefe der Lüner Nonnen können online eingesehen werden, einschließlich einer ausführlichen Einleitung zum historischen Hintergrund ihrer Entstehung und Literaturverzeichnis unter http://diglib.hab.de/edoc/ed000248/start.htm. Buchpublikation als: *Netzwerke der Nonnen. Edition und Erschließung der Briefsammlung aus Kloster Lüne (ca. 1460–1555)*, hg. von Eva Schlotheuber, Henrike Lähnemann, Simone Schultz-Balluff, Edmund Wareham, Philipp Trettin und Lena Vosding unter Mitarbeit von Philipp Stenzig, Timo Bülters und Konstantin Winters. Technische Umsetzung von Wolfgang Seifert und Torsten Schaßan (= Spätmittelalter, Humanismus, Reformation 24), Tübingen 2023.

Kurzdarstellungen aller mittelalterlichen Frauenklöster im Bereich des heutigen Niedersachsens mit Listen aller Amtsinhaberinnen und historischer Schätze, Architekturbeschreibungen und Bibliografie sind in dem vierbändigen Nachschlagewerk *Niedersächsisches Kloster-*

buch. Verzeichnis der Klöster, Stifte, Kommenden und Beginenhäuser in Niedersachsen und Bremen von den Anfängen bis 1810, hg. von Josef Dolle, Bielefeld 2012, 2. Auflage 2022 zu finden. Kurzfassungen der Artikel existieren auf der Website der Landesgeschichte Göttingen: http://www.landesgeschichte.uni-goettingen.de/kloester/.

Viele der Bildzeugnisse finden sich in dem Ausstellungskatalog *Schatzhüterin. 200 Jahre Klosterkammer Hannover*, hg. von Katja Lembke und Jens Reiche, Dresden 2018. Die Medinger Bildtafeln und die Reformbewegung in den Klöstern sind besprochen bei Ulrike Hascher-Burger und Henrike Lähnemann, *Liturgie und Reform im Kloster Medingen. Edition und Untersuchung des Propst-Handbuchs*, Oxford, Bodleian Library, MS. Lat. liturg. e. 18 (= Spätmittelalter, Humanismus, Reformation 76), Tübingen 2013. Vieles von dem Material lässt sich (weitgehend englischsprachig) abrufen auf dem Blog zu den Medinger Handschriften, medingen.seh.ox.ac.uk. Ebenfalls online einsehbar sind die mittelalterlichen Bildzeugnisse, die Inschriften aufweisen, wie beispielsweise die Teppiche, auf der Website der Inschriftenkommission inschriften.net. Die Bände zu den Lüneburger Klöstern, denen viel von dem Bildmaterial entnommen ist, sind Band 24 (1984, Kloster Lüne) und Band 76 (2009, u.a. Kloster Ebstorf, Kloster Medingen und Kloster Wienhausen).

Spezialliteratur zu einzelnen Kapiteln (viele der genannten Publikationen von Henrike Lähnemann und Eva Schlotheuber sind über deren Publikationsverzeichnisse auf ihren Universitätshomepages in Oxford und London frei zugänglich):

Kapitel I: *Die Ebstorfer Weltkarte. Kommentierte Neuausgabe in zwei Bänden*, hg. von Hartmut Kugler, Berlin 2007; Henrike Lähnemann, »Eine imaginäre Reise nach Jerusalem. Der Geographische Traktat des Erhart Groß«, in: *Sehen und Sichtbarkeit in der deutschen Literatur des Mittelalters*, hg. von Ricarda Bauschke, Sebastian Coxon und Martin Jones, Berlin 2011, S. 408–424.

Kapitel II: Eva Schlotheuber, »Ebstorf und seine Schülerinnen in der zweiten Hälfte des 15. Jahrhunderts«, in: *Studien und Texte zur literarischen und materiellen Kultur der Frauenklöster im späten Mittelalter* (= Studies in Medieval and Reformation Thought 99), hg. von ders., Falk Eisermann und Volker Honemann, Leiden/Boston 2004, S. 169–221.

Kapitel IV: Henrike Lähnemann, »Per organa. Musikalische Unterweisung in Handschriften der Lüneburger Klöster«, in: *Dichtung und Didaxe. Lehrhaftes Sprechen in der deutschen Literatur des Mittelalters*, hg. von Henrike Lähnemann und Sandra Linden, Berlin/New York 2009, S. 397–412; Eva Schlotheuber, »Wir, die wir von Kindheit an wie in einem Rosengarten erzogen worden sind ... Klostereintritt und Ausbildung in den spätmittelalterlichen Frauenklöstern«, in: *Damals* 7/2003, S. 30–36; Henrike Lähnemann, »Armbrust und Apfelbaum. Eine lateinisch-niederdeutsche Hoheliedauslegung (Mscr.Dresd.A.323)«, in: *Auf den Schwingen des Pelikans. Studien und Texte zur deutschen Literatur des Mittelalters*. In Verbindung mit der Wissenschaftlichen Bibliothek der Stadt Trier hg. von Ralf Plate, Niels Bohnert, Christian Sonder und Michael Trauth (= ZfdA-Beiheft 40/2022), S. 403–429.

Kapitel V: Eva Schlotheuber, »Willibald und die Klosterfrauen von Sankt Klara – eine wechselhafte Beziehung«, in: *Pirckheimer Jahrbuch für Renaissance- und Humanismusforschung* 28/2014, S. 57–75; *Willibald Pirckheimers Briefwechsel*, Bd. 5, bearb. und hg. von Helga Scheible, München 2001; Henrike Lähnemann, »Der Medinger ›Nonnenkrieg‹ aus der Perspektive der Klosterreform. Geistliche Selbstbehauptung 1479–1554«, in: *1517–1545: The Northern Experience. Mysticism, Art and Devotion between Late Medieval and Early Modern. Antwerp Conference 2011* (= Ons Geestelijk Erf 87/2016), ed. by Kees Scheepers et al., S. 91–116; Martin Luther, *Sendbrief vom Dolmetschen und Fürbitte der Heiligen*, hg. von Howard Jones und Henrike Lähnemann, Oxford 2022 (online auf editions.mml.ox.ac.uk).

Kapitel VI: Die Rezepte aus Kloster Wienhausen in Kapitel VI.2 sind einem Beitrag von Timo Bülters entnommen, der 2017 erschien und online einsehbar ist: urn:nbn:de:bsz:16-artdok-50309. Weitere Beispiele für heilkundliches Wissen von ihm lassen sich in einem Podcast für »Mittelalter digital« unter dem Titel »Gekochte Füchse und destillierte Kräuter« abrufen. Der Bibliothekskatalog des Dominikanerinnenklosters Lemgo und eine Beschreibung der medizinischen Handschriften finden sich bei Jeffrey Hamburger, Eva Schlotheuber, Margot Fassler, Susan Marti, *Liturgical Life and Latin Learning at Paradies bei Soest, 1300–1425: Inscription and Illumination in the Choir Books of a North German Dominican Convent*, Münster 2017, 2 Bde. Einen anschaulichen und wohlschmeckenden Einstieg in die norddeutsche Klosterlandschaft bilden die Hefte »Das

Feuer hüten«, herausgegeben von dem Generalkonvent der Äbtissinnen der evangelischen Frauenklöster in Norddeutschland (http://generalkonvent.de/), in denen die Klöster im Bereich der Klosterkammer Hannover mit Fotos und Rezepten aus der regionalen Küche, ausgewählt von den Frauen, die gegenwärtig dort leben, vorgestellt werden. Die Hefte sind in den beteiligten Klöstern erhältlich (z.B. Kloster Mariensee und alle Lüneburger Klöster) oder auch im Buchhandel.

NORDSEE
Borkum
Juist
Norderney
Langeoog
Spiekeroog
Wangerooge
Norddeich
Cuxha
Jever
Wilhelmshaven
Bremerhave
Emden
Leer
Papenburg
Oldenburg
NIEDERLANDE
BREMEN
Delmenhorst
Cloppenburg
Quakenbrück
Lingen
Nordhorn
Osnabrück
Zisterzienserinnenkloster Heilig Kreuz bei Braunschweig
Lüneburger Frauenklöster
Männerklöster
Andere Frauenklöster
Orte zur Orientierung
Bad Pymont
Gütersloh
Hamm
NORDRHEIN-WESTFALEN
Essen
Dortmund
0
20
40
60 km